U0063344

麥 田 人 文

王德威／主編

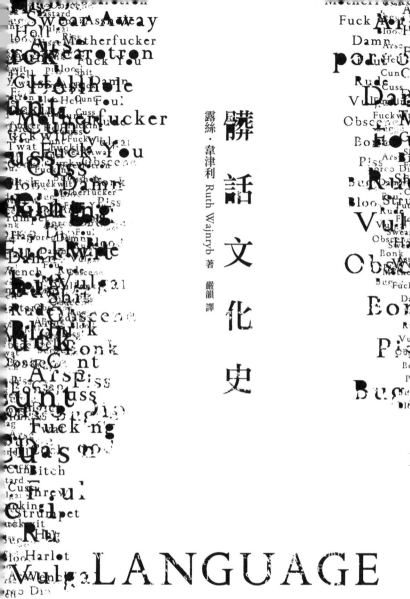

露絲・韋津利 Ruth Wajnryb 著　嚴韻 譯

髒話文化史

LANGUAGE
MOST
FOUL

獻給

Mark Cherry 及 Barbara Lasserre

目次

致謝　　9

前言　　11

出口成髒　　17

頭頭是髒　　29

「幹」啥？　　37

髒亦有道　　53

咄咄屄人　　71

野性難馴　　89

屄有所聞　　105

以上帝之名　　131

狗娘養的　　165

天生我材必有髒　　193

私酒與星號　　213

跨文化的髒　　243

楔子　　279

參考書目　　297

致謝

此書能問世，我要感謝許多人。

打從一開始，Mark Cherry 及 Barbara Lasserre 就是指引我的明燈。順遂時他們與我一同歡笑，低迷時他們陪我一同度過，用他們的熱情感染我。我要感謝他們的慷慨。

我也非常幸運，有 Allen & Unwin 出版社的編輯相助。他們是非常棒的團隊──Richard Walsh、Jo Paul 與 Emma Cotter，永遠那麼專業，也永遠那麼友善。我要感謝他們對我有信心，自始至終支持我。

為了拼湊起這本有如拼圖的書，我借重了許多人的知識。

有時借重的是他們的母語知識，有時借重的是他們對語言、行為與社會的一般性洞見。我非常感謝他們每一個人，包括：Dimitri Akhmetov, Libi Burman, Anna Dash, Nic Farrow, Louise Haynes, Jeremy Jones, Matthew Kenny, Marcel Khoury, Andrew Klonowski, Sheila Man, Evelyn Mike,

Mayumi Nito[1], George Rizk, Arnel Santos, Sergio Sergi, Andrew Spaille, Sasha Wajnryb, Marguerite Wells, Victor Yee[2]，以及許多名字散見於全書的其他人。

此外也要感謝一些研究髒話的學者與作家，提供了我對此一主題的思考基礎，包括：Lars-Gunnar Andersson and Peter Trudgill, Keith Allan and Kate Burridge, Richard Dooling, Geoffrey Hughes, Timothy Jay, Angus Kidman and Ashley Montagu。

露絲・韋津利

於雪梨

全書以 [1] [2] [3] 標示原書註，以 1 2 3 標示譯者註。

1 譯者推斷為仁藤真由美。

2 Yee 推斷為粵語的「爾」此一姓氏。

前言

　　一直到晚近，研究語言本質的人大多忽視咒罵這個主題。唔，也許說「忽視」有點過火，就說興趣缺缺吧。此一領域寥寥可數的嚴肅研究者之一提摩西·傑（Timothy Jay）十二年前寫道：「如果語言科學就此完全停擺，我們對髒話的用法、對髒話與較正常語言用法之間的關係，都會所知極微。」[1] 這情況至今也沒改變多少。

　　歷來有大量文獻專事分析語言的各種組成元素，例如過去式的「-ed」屈折變化（inflection），或現在式第三人稱單數的「-s」字尾；相形之下，研究者對咒罵缺乏興趣的程度就更是明顯得離譜。儘管我很樂於承認自己身為應用（也就是，並非純粹）語言學家的偏見，也儘管我不願中傷其他語言學家的專攻領域（咱們這學術圈子很小，大家得和平共處），但在此我要問——就研究主題而言，動詞字尾真的跟

---

[1] Jay, 1992:113.

咒罵有得比嗎？如果你沒投咒罵一票，那你在這兒就該下車了。**此路不通啦！**

對咒罵缺乏研究興趣，這一點本身就很耐人尋味。1975年，澳洲語言學家泰勒（B. A. Taylor）發表了一份澳洲脈絡下的辱罵語言的嚴肅研究，那篇論文開宗明義寫道：

> 如果英文是……德拉威州（Delaware）北部的一種日爾曼語系語言，尤其如果它是某個原住民族的語言，那麼一定早就有勤奮努力的人類學家對此一語言中的禁忌語言次系統（subsystem）加以辨識並描述[2]。

泰勒和我一樣喜歡借用人類學比喻，我也常提起某個「從火星來的客座人類學家」[1]。泰勒接著又說，由於英文是全世界大部分語言學家講的語言，咒罵藉之建立的禁忌次系統大多遭到忽略，或者就算有人加以分析，也只是為了好玩，而非嚴肅研究。

近三十年後，情況改善了——一點點。然而專論此一主題的書籍仍然不需十根手指就能數完。一種解釋可能如爾文・高夫曼（Erving Goffman）所提到的，咒罵是「最約定

---

[2] Taylor, 1975:17.

[1] 意思是說，藉由「火星人類學家」這樣虛擬的觀察角度，以局外人的視角討論平常我們可能司空見慣、不假思索的事物。

俗成、最照章應卯的行為……傳統上，研究現代社會的人視之為社會活動的落塵，空洞而無足輕重——只是套用公式」[3]。

其他人也曾論及學術界對此一語言領域的閃避。基曼（Angus Kidman）認為「咒罵是直覺的、明顯的、不需進一步研究的」[4] 這種觀念十分荒唐，並批評許多研究僅將咒罵視為字詞的一種語言學範疇，看不出它其實是受文化驅動的言辭行動（speech act）。他宣稱，光是不同英語地區使用的不同標籤（英國與澳洲稱之為「咒罵」[swearing]，美國稱之為詛咒[cursing]），應該就已顯示出這並非只是一種沒有差異、沒有變化的字詞範疇。

身為研究者，杜林（Richard Dooling）埋怨相關文獻的難尋：

> 國會圖書館分類系統無法一舉列出……咒罵或髒話的相關書籍。研究者……必須從精神分析的BF找起，接著是俚語的PE，人類學的GT，文學與文學理論的P，藝術的N，精神醫學的RC，然後再回到宗教與哲學的B[5]。

---

[3] Goffman, 1981:90.

[4] 關於基曼對咒罵之為直覺的、明顯的此一觀念的批評，見他的榮譽學位論文（1993）。

[5] Dooling, 1996:130.

杜林認為，在圖書館書架之間如此毫無章法的來回穿梭，正證明了諸如屎這類的字詞「跟幾乎所有東西都關係密切，難分難解」[6]。

　　學術界依然看輕這個研究領域的價值，這點本身就頗具意義。有人說，今日在世的語言學家大部分以英文為母語，因此對自己的語言存在許多盲點。我不同意這種看法。若真是如此，我們又該如何解釋，語言學家何以對英文動詞系統加綴各式零碎字母的語形學（morphology）這麼感興趣？我猜想，關於咒罵語言的禁忌已為這主題加諸莫大污名，使學界中人連沾都不願沾上邊，以免弄髒自己的手。他們或許認為，對此一領域感興趣可能招來別人揚起眉毛、不以為然的反應。在實際層面上，他們可能也不認為專攻這領域會贏得其他研究者的尊重，而對大部分學界中人而言，這點是**必要條件**。

---

[6] Dooling，同前。

髒話文化史

Language Most Foul

出口成髒

我他媽是怎麼想出這定理的？

——畢達哥拉斯

　　一代又一代的孩童都曾唸誦：「棍棒石頭能打斷你骨頭／但罵人的話可沒法讓你痛。」然而，儘管遭欺負的小孩（或可稱為**受欺者**[bullee][1]）用這句順口溜當自保策略，卻沒人真的這麼相信。罵人的話確實會讓人痛。我們確實會擔心別人怎麼想、怎麼說我們。咱們面對現實吧，就連辭典編纂者這類認真勤懇的人都不肯把咒罵詞收入辭典，生怕觸怒識字大眾，進而影響出版社的商業利益，這種情況直到很晚近才有所改變。《牛津英文辭典》（*Oxford English Dictionary*）雖然明文宣稱要「記錄英語中每一個字詞」，卻直到一九七〇年代初期才開始收錄所謂的四字詞[2]。藍燈書屋（Random

---

[1] 此處是仿英文中addressee（收信者）等字的組成，將動詞bully與表示受者的「-ee」連結而造的字。

[2] four-lettered word，即以四個字母組成的髒話，如shit、fuck、cunt等。

House）的辭典編輯也為這個問題傷了幾十年腦筋，遲至1987年才收錄四字詞[1]。

關於報紙內文可以用什麼字、不可以用什麼字，決策者也有同樣的困擾。在這類事情上，美國人（或許是清教徒影響的最後餘緒？）比英國人更耿耿於懷。《紐約時報》（*The New York Times*）的專欄作家威廉・薩法（William Safire）曾經寫出隱晦得荒唐的句子，只為表示某個與排泄功能相關的名詞就快打到風扇上了[3]。這項禁忌的影響力也及於非常奇特的情境，例如1989年愛荷華州發生一場空難，駕駛艙通話紀錄的謄本寫道：「我們得丟掉這個（刪去二字）養的了……[4]」[2] 就連面對大難臨頭、死亡將至的脈絡──我們或許可以主張，在這種情況下咒罵完全是合情合理的──這種束手束腳的畏縮態度仍然不改。

嚴肅的文字人士一直如此猶豫不前，這點或許向有心的研究者傳達了一項訊息。部分問題出在：要討論屎（shit）、**幹**（fuck）、屄（cunt）等字詞而不用到這些字詞本身，實在很難。雖說已經有人這麼做過。1948年，一個名叫伯格斯・強森（Burges Johnson）的人[3] 在絕口不提任何四字詞的情

---

[1] 見Bryson（1990）對辭典編纂史引人入勝的介紹。

[3] shit is about to hit the fan（屎快打到風扇上了）是英文俗語，指事情快要大條了、情況快要弄得很難看了。

[4] 此處「狗娘養的」應是指飛機，即機師說情況糟到必須棄機。

[2] Bryson, 1990: 219.

況下，成功寫出一本討論咒罵的書，書名頗為浪漫：《不敬語的失落藝術》（*The Lost Art of Profanity*）。傑西・薛洛爾（Jesse Sheidlower）也寫出有名的《那個F開頭的字》（*The F-Word*），但這種事做起來絕對不容易。

為寫作此書進行訪談時，我也碰上若干困難。有一次，我跟澳洲廣播公司（Australian Broadcasting Corporation，簡稱ABC）記者談到該公司對於廣播及電視節目裡使用屄一字的政策。我們開口閉口都是這個字，令那位記者極度不自在，最後她忍不住請我允許她改說「那個C開頭的字」。之後訪談便進行得一帆風順，但那僵局解決之前也耗掉不少時間。相較之下，研究動詞過去式字尾就不會觸怒任何人，因此似乎是個麻煩少得多的主題。

然而，奇怪的是，語言學家竟一直讓自己受到這項禁忌的影響，導致相關的探討研究少之又少。畢竟，人體的某些下方部位也是不登大雅或兒童不宜的；但我們還是有泌尿專家、直腸專家、婦科專家，他們都不怕把這些某某專家的稱謂跟自己姓名並列在大門門牌上。我們不會只因為蝸牛長得醜，就禁止生物教科書提到牠們；社會學家也照樣研究犯罪心理，不管犯罪內容多麼變態。如果這些專家可以研究他們自己選擇的領域，並不因此表示賦予那些對象價值，也不必受限於其他人的審美判斷，那語言學家為什麼不可以？

---

[3] Bryson, 1990: 219.

當然，說到對本書主題缺乏興趣，我指的是學術界缺乏研究興趣。在學院的象牙塔之外，大家對它可有興趣得很；事實上，似乎每個人對這主題都自有一套觀點。我發現幾乎每個人都有個「關於咒罵的故事」急於分享。大部分觀點都很極端，而且通常抱持負面的批判態度。

此外，跟許多外行人或說門外漢（folk）觀念一樣，人們對咒罵抱持的看法充滿了迷思。

一大迷思是，咒罵具有毀滅性。舉例來說，北美有個叫做「幹譙控制學院」（Cuss Control Academy）[4] 的機構（不蓋你），由非教徒組成，致力於提高大眾的警覺，讓大眾意識到咒罵的負面效應。這些人認為咒罵一無是處：咒罵讓你顯得粗鄙，咒罵是一種社會惡習，咒罵會腐蝕語言。該學院舉辦工作坊，教人如何減少使用不敬語、粗話、猥褻字眼以及失禮冒犯的俚語。只消付一筆合理費用，你就可以學習「馴服口舌的十大秘訣」，有機會在宜人的環境中加以練習，在那裡你能得到為人理解的安全感，心知自己既是在改善自我，也是在改善社會風氣。

幹譙控制學院的院長詹姆斯・V・歐康諾（James V. O'Connor）非常擔憂父母咒罵對小孩造成不良影響，因此寫了《控制幹譙：遏止幹譙的完全指南》（*Cuss Control: The Complete Book on How to Curb Your Cussing*）[5] 一書，專門

---

[4] 進一步資料可見http://www.cusscontrol.com.

協助為人父母者維護字彙清潔。他認為我們咒罵是因為懶惰，因為咒罵很容易，因為我們誤以為它無傷大雅。我們的孩子在詛咒文化中長大，到處都聽到它——家裡、街上、電視、電影——因此若他們不了解咒罵何以是「錯」的，或許情有可原。對他們來說，「別幹譙」可能只不過是又一條等著他們去違反的規定。歐康諾接著宣稱，小孩一開始學咒罵可能是因為叛逆，就像學抽菸，但日後也可能變成根深蒂固的習慣[6]。

對咒罵公開表示不滿的——且通常出於無知的觀點——不只是一般公民組成的團體。2003年12月，加州議員道格・歐瑟（Doug Ose）對搖滾明星波諾（Bono）在現場直播的電視節目中說粗話（我想那句闖禍的話是「幹他媽的精采」）大感氣憤。該句粗話出現的場合是金球獎一年一度的頒獎典禮，而事後波諾沒有受到任何負面影響，也使很多人十分氣憤。美國聯邦傳播委員會（Federal Communications Commission，簡稱FCC）判定波諾把**幹他媽的**（fucking）用做形容詞，因此他免於被官方打手心。

這時道格・歐瑟提出一項法案，禁止某些字詞出現在廣

---

[5] 由Three Rivers Press出版（2000）。

[6] 歐康諾的完整論點可見Sharon Bloyd Peshkin對他的訪問，標題為 "Swearing off foul language"，貼於http://www.chicagoparent.com/CPpages/archives/Interview%20Archive/Int0500.htm.

電節目中。該法案名為「廣電清潔法」（The Clean Airwaves Act），禁掉了八個咒罵詞（關於此事件的所有報導中，我找不到任何一篇完整列出哪八個詞，這一點或許別具意義）。歐瑟主張，這些不敬語無論用做動詞、形容詞、動名詞、分詞或不定詞，都應該視為非法。

此事件吸引了全世界媒體的高度矚目，不過好像只有我有興趣注意到：波諾那句粗口其實是副詞，FCC卻誤把它判定為形容詞。然而一名澳洲記者倒是提及，不知FCC的裁決是否會讓學生更有動機學習文法，「至少知道可以怎樣逃過責罰」[7]。

就我對文法──以及對學生看待文法的態度──的了解，我絲毫不懷疑，**幹他媽的**之為形容詞所獲得的文法轉圜空間，一點都不會影響人們說或不說什麼。套用蒙特古（Ashley Montagu）的話，最基礎的事實是：「不曾有任何民族只因國家……明令禁止，便放棄咒罵的習慣。」墨索里尼曾推動消滅咒罵的運動，用海報和大眾交通工具上的告示勸導義大利人Non bestenniare per l'onore d'Italia（「為了義大利的榮譽，請勿咒罵」）[8]，但毫無效果。

這項禁忌的影響也及於個人家庭層面。網路上有個星象學家，取了個很合適的名字叫「月娘」（Luna），用電子郵件

---

[7]《雪梨晨報》（*Sydney Morning Herald*），2000年12月22日，頁16。

[8] Montagu, 2001:24-5.

發送星座運勢指南，包括回覆寄到「月娘信箱」的讀者提問。我看到這一封，署名是「哪兒都不能帶她去」：

> 月娘妳好：
>
> 　我是牡羊座，我太太是天秤座，她的嘴巴髒得跟卡車司機一樣。以前我也有這壞習慣，但自從有了小孩之後便痛改前非。她還是幹譙個沒完。不管我們到哪裡，她開口閉口都是「幹他媽的這個」、「幹他媽的那個」……她完全無視於別人揚眉側目、驚訝轉頭的氣憤神色……我真的很愛她，但她的行為實在很讓人難堪。我該怎麼辦？

月娘回答的內容八成都是「哪兒都不能帶她去」已經知道的事：他太太的幹譙是需要他多關心的表現，建議採取情緒管理策略，同時也需要謹慎和投入──簡言之，若要幹譙的人改變，得幹譙的人自己想改變才行。另一個提供建議的專欄則警告讀者「約會時不要咒罵，因為你求職面試的時候也不會咒罵，而技術上來說這兩者是同一回事。」[9]

澳洲的廣播叩應節目、報紙及電視晨間節目對咒罵始終很感興趣，即使只是因為本來氣氛和諧的討論常因有人咒罵而吵成一團。1999年，當時的維多利亞省長傑夫・肯尼特

---

[9] 見 http://www.spikedonline.com/articles/00000006D9A6.html。

（Jeff Kennett）上澳洲廣播節目時說出**雞巴**[5]一詞，名聞一時。同一年，ABC的《四面八方》（*Four Corners*）三度容許幹字出現在節目中。

2003年，《麥克瑞辭典》（*Macquarie Dictionary*）的蘇·芭特勒（Sue Butler）接受第七頻道《晨間秀》（*Morning Show*）的訪問。節目中討論到，在公開場合罵別人「呆頭」（boofhead）是否可以接受。芭特勒解釋，儘管「呆頭」一詞親切多於惡意，但使人不悅的其實是罵人這個行為本身，不管你罵的是「呆頭」或冒犯度更高的**幹他的蠢才**（fuckwit）。芭特勒說出**幹他的蠢才**之後便被打斷，訪問結束，之後該頻道並發表致歉聲明。我不知道這事件是否對該節目的收視率造成影響。

人們對咒罵這個話題有很極端的意見。英國《每日鏡報》（*Daily Mirror*）的梅蘭妮·菲力普斯（Melanie Phillips）痛恨咒罵，將其譴責為「社會之病」：

> 我們生活……的這個時代，以破除禁忌為主要特點，包括對布爾喬亞行為標準的攻擊，對規規矩矩的郊區生活方式的攻擊。但在禁忌破除的同時，又有新的禁忌……出現……因此震驚的界限被愈來愈往外推……哥兒們作風是最新流行[10]。

---

5 原文為prick，可指陰莖，亦可指惹人厭、自以為是的人。

在菲力普斯看來，不敬語「代表缺乏自制力」，而人們對之愈來愈司空見慣，顯示公共道德敗壞，大家不再為別人著想。一如據稱江河日下的識字水平，咒罵也逐漸變成放諸四海皆準的代罪羔羊——它是新千禧年大部分罪惡的症狀兼起因兼結果，而過去幾千年的那些問題無疑跟它也脫不了關係。

另一方面，與菲力普斯的極端立場成對比的，是一般人對咒罵抱持的寬容態度。研究現代咒罵的一名新聞系所學生對我提出，這種新的寬容態度可能是「後現代主義的下滲（trickle-down）效果，摧毀高蹈文化與下里巴人文化之間的障壁，把傳統上只有沒受教育的人才會說的字詞推進主流媒體、政治與娛樂圈」[11]。她也提出，澳洲社會大眾對咒罵詞的態度軟化，是因為大家普遍比較放輕鬆了。人們逐漸明白，咒罵並不代表文明的末日，每個人偶爾都會這麼做，電腦不合作時我們都會口不擇言，在酒館聽到黃色笑話也都會笑。簡言之，這些字詞並不邪惡，宇宙也不會因此轟然坍垮。

談論咒罵可以產生大量笑點，喜劇演員都很熟知這一點，也善加利用。一定有某本給想成為脫口秀諧星的人的基本指南：若有疑慮或需要快速逗笑，就一頭栽進馬桶幽默或

[10] Phillips (2002).
[11] Natalie Kent 與筆者的私人通訊，2004年3月。

掏出老二笑話或丟出幾個**幹**。人們會被逗笑，幾乎像是反射動作。這是公然違反禁忌的效果。諧星獲准可以這麼說，我們獲准可以發笑，這是一種儀式，笑完之後，每個人回家心情都好了些。諧星茱蒂絲·露西（Judith Lucy）談到她在澳洲片《頂尖好手》（Crackerjack）中的角色時說：「我台詞的第一句是『他□的，滾開』，最後一句是『你他□完蛋了』。所以我還蠻有內心戲可以發揮的。」[12]

這種態度或許可以解釋若干網站的存在，比如 http://listen.to/swearing 的「破口大罵」（Swear Away）和 http://www.rathergood.com/swearotron.html 的「自動開罵」（Swearotron）。只消把游標移到一張表情憤怒的臉上，那張臉就會罵出一個詞。有時罵的是標準咒罵詞，有時加上濃重的外國口音，有時只是普通的正常字詞如「這」，但語氣凶悍得像**幹**或**屎**。有些人還真是吃飽了撐著。

另外有些人嚴肅看待咒罵的權利。比方美國公民奇普·洛（Chip Rowe, http://www.chiprowe.com/articles/swear.html）發起了「凸顯不良詞語會社」（Society to Highlight Ingrate Terms，簡稱SHIT）。他將此一會社比擬為全國來福槍協會，後者秉持的信念是「受過教育的槍械持有人才是好的槍械持有人」。同樣的，洛提醒SHIT會員，幹譙詞非常有助於抒解壓力，「但使用時必須尊重其力量」。因此，SHIT

---

[12] 《雪梨晨報》，2002年8月24-25日，頁26。

抱著不亞於幹譙控制學院的熱誠，要教育人們正確使用咒罵詞。以下是課表的一例：

> 屎一詞適合各種幹譙情境，可以用在考試不及格的時候，或者眼看自己支持的隊伍從遙遙領先變成輸球、害你輸掉二十塊的時候。然而，如果你輸的錢超過二十塊，那就該用幹了。惹上國稅局，可能是屎也可能是幹，取決於誰幫你報稅；如果惹上FBI（聯邦調查局）或ATF（菸酒槍械管制局），那就一定是幹。至於其他幹譙詞，屁眼（asshole）[6] 很適合形容老闆或白癡同事或姻親，但幹你娘（motherfucker）則應留到更嚴重的情境才用，比方你明明給了錢、搶匪……還是開槍打你，或者你後退要拍全家福照片時發現自己一腳滑落大峽谷。我聽過有人把幹你娘用在雞毛蒜皮的小問題上，比如籃球賽中的犯規。不對，不對，不對！幹你（fuck you）就夠了，或者也許可用「搞什麼鬼？」[7]幹你娘則是頗為嚴重的指控。
>
> SHIT歡迎免費入會，但會員應當保持相當水準。必須鼓勵小孩正確使用幹譙詞，不然就根本別用（如果一

---

6 一般用以指混帳東西、討厭的傢伙之意。

7 原文為What the hell?，而hell為「地獄」之意，也是後文將談到的咒罵語之一。

跤摔個狗啃泥的學步兒想罵句屎，他會說的，給他點時間）。我們不對警察咒罵，因為他們有槍。儘管各種語言都有咒罵詞，但SHIT使用的是英語標準。然而，會員也可以說「原諒我說法文」[8]。若你缺乏控制力，無法只在恰當情況下使用幹譙詞，你可以中止會員資格，只消在兩名證人面前大聲說一句：幹他的屎。別忘了燒掉你的會員證。

媒體的頻頻報導，顯示不當使用「壞語言」一直是大眾關心的問題。但大部分人感興趣之處在於它譁眾取寵的潛力。就像事先安排好的拍照機會，一陣咒罵可以成為節目的精采時刻，抓住觀眾的注意。但這種興趣不會增長我們對咒罵語言的知識，而一如我努力想要指出的，咒罵語言本身就是一種有意義且值得研究的課題。此書便是秉持這種精神寫成。

---

8 原文為Pardon my French，這是常見的說法，用於講粗話之後向別人表示歉意。

頭頭是髒

我想幹他媽的不會下雨吧，你說呢？

——聖女貞德

在我們進一步深入語言學的險惡之地前，先來確認一下我們用的是同一套字彙。了解及討論髒話時，有兩個可能造成混淆之處：一是關於一般**構成**咒罵的字詞，另一是關於用來**指稱**咒罵的字詞。

第一種混淆來自咒罵詞本身的形式——功能關係。可用咒罵詞來執行的功能，多過可供使用的咒罵詞；換言之，標靶很多，但彈藥稀少。這表示咒罵者必須一而再、再而三地把老套的相同字詞運用於不同情況及不同目的，從咒罵詞銀行提領出可能詞義類似（就辭典定義而言）、但實際意義不同（就使用脈絡而言）的字詞。「真該死！」（Damn it!）和「你該死！」（Damn you!）都用上了該死（damn）這個咒罵詞，但我相信你一定會同意這兩者的脈絡文意不同。

第二種可能的混淆在於咒罵的**後設語言**（meta-language）。

我們語言學家用這個詞表示描述語言的語言——在這裡，指的就是傳統上用來談論咒罵的語言。頗奇怪但也許頗合適的是，咒罵的後設語言使用的字詞也很有限。

就拿「咒罵」（swear）一詞來說吧，它本身便有兩種大不相同的意思。你在法庭上宣誓字字屬實，這叫swear（發誓）；但你在家罵小孩老是把門廳地毯踩出一堆髒腳印，這種大不相同的舉動也叫swear（咒罵）。我們說「咒罵」、「詛咒」和「使用壞語言」，意思都不相同，儘管令人困惑的是，我們實際使用的字詞是同樣或類似的。我們通常把「髒」（foul）話跟「無禮」（rude）、「粗鄙」（vulgar）、「猥褻」（obscene）混為一談，這些字詞本身又細分出個別的次意義——比方「無禮」，可以指沒有表現出應有的尊重，也可以指在某個特定脈絡下使用不合適的字詞（如婦科醫師把「陰道」說成「小妹妹」）。有時候，用來談論咒罵的字詞其實是可以互通互換的，但有時又不然。然而，這些字詞的使用標準幾乎總是很寬鬆。

為了嚴肅探討髒話，我們需要一套準確一致的後設語言。因此我列出了以下字詞，權充詞彙對照表。

惡言咒罵（abusive swearing）

用來罵人（「你這個幹他的蠢才」）；語意貶損（「這工作做得太狗屎了」）；使用比喻性詛咒（「下地獄去吧！」）；或以難聽的話稱呼別人（「你這王八蛋」）。

瀆神（blasphemy）

這種咒罵刻意污衊宗教或任何有宗教意義的事物。此時重點在於咒罵者的意圖。「耶穌啊」（Jeez）[1] 一詞相當普遍，事實上如今已是約定俗成，不會被視為瀆神，除非說者特別存心觸怒基督教徒。

詛咒（curse/cursing）

口出詛咒的人通常乞靈於更高的存在，將某種惡事加諸特定對象。「願你下地獄，永世不得翻身」是詛咒。詛咒與咒罵有許多不同：詛咒求助於某種更高的存在；它比較儀式化，是蓄意說出；它指向未來，知道詛咒的效果可能日後才出現；而且可能並不使用髒話。傳統上，教會和社會都不讚許詛咒別人這種事，甚至時至今日，「吃屎去死吧！」這種詛咒仍被視為非常有威脅性的行為。值得注意的是，過去詛咒者通常清楚說出某個神祇或超自然存在，但在宗教意味較淡的今日，不信教的人也可能氣急敗壞大喊「我希望你死掉！」而不特別祈求神鬼的干預。

在寬鬆的用法下，詛咒跟咒罵（使用髒話）是可以互通互換的，但在其特定意義下，詛咒是咒罵這個大分類底下的一種。在過去宗教意味濃厚的年代，詛咒是嚴肅的，說的人

---

[1] 此字是Jesus的變體，通常翻做「天哪」即可，此處譯為較不順口的「耶穌啊」，以保留整段關於宗教的指涉。

指的就是那個意思；在如今這宗教意味較淡的年代，詛咒則比較是脫口而出、比喻性質（「爛在地獄裡吧！」），因而與傳統的惡意咒罵有所重疊。

幹譙（cuss/cussing）

美式英語用詞，泛指使用髒話咒罵。

惡俗詞（dysphemism）

用冒犯或詆毀性的字詞取代普通詞。大部分刻意的惡意咒罵都是惡俗詞。

罵詞（epithet）

辱罵或惡意的詞句，通常與情緒字眼交互使用。

委婉的咒罵（euphemistic swearing）

用不至於冒犯人的詞，或被視為可接受的詞（「哎呀我的乖乖」），取代被視為粗魯或觸犯禁忌的詞（「我的上帝啊！」）。

情緒字眼（expletive）

驚嘆的咒罵詞句，在情緒激動的情況下說出，顯示說者藉此抒解壓力。表面的字義是次要（「什麼跟什麼啊！」、「他奶奶的！」、「幹他媽的真要命！」、「殺了我吧！」），

重點在於發洩情緒。這種用途的字詞通常是固定不變的——例如「殺了我吧」從來不會變成「殺了你吧」。情緒字眼常常使用，並未特別針對某人；在這層意義上，這些字眼是反身的（reflexive），也就是回指說者自身。

髒話（foul language，參見咒罵）

以後設語言談來，使用髒話大致等同於咒罵。咒罵詞是髒話的例子。「髒」一字表明，許多時候咒罵涉及個人層面可以接受、但社交語言不可接受的話題和領域——也就是生理功能和生理產物（或排溢物［effluvia］）。在社交場合使用髒話常等同惡意或攻擊，但不見得總是如此。使用髒話也可以不罵到任何人（「狗屎，我忘了把報告帶來」），或者表示你感覺放鬆自在（「幹！離開辦公室放鬆一下真好」）。髒話有多種功能，卻都使用有限的相同字詞，使得適恰使用髒話變得更複雜。

侮辱（insult）

寬鬆說來，在惡意的脈絡下，朝某人咒罵就是意圖侮辱對方。以比較精確的定義而言，「侮辱」專指實際傳達字面意義的惡意詞語（「你這個又醜又肥、滿臉痘花的白癡」），而不像大部分咒罵詞傳達的是比喻性的意思（「你他媽完蛋了！」）。實際運用上，咒罵詞跟侮辱可以並行不悖（「幹，你這個滿腦袋大便的醜八怪」），加強惡意火力，通常效果頗佳。

貶語（invective）

較為精緻的侮辱，用於正式場合脈絡：一個重要的例子是國會，在那裡這可能被視為一種具體而微的藝術形式。貶語的含蓄程度不一，運用尖銳反諷、機智妙語、雙關語、文字遊戲，或以上皆是。它的特質偏向侮辱而非咒罵，因為其意圖在於避免情緒字眼或髒話這些傳統咒罵詞，說者通常無需使用禁忌字眼或違反社交禮儀，便能侮辱對方（比方字首音互換的方式如「you shining wit」[2]）。

誓詞（oath）

「誓詞」一詞有兩種意思，類同「咒罵」的兩種廣義脈絡。一種是你以聖經或天神或不管什麼你想用的事物，正式做出誓言承諾。在此意義下，誓詞是你發誓時所唸誦的文字內容本身。如今誓詞已不再是出現在日常生活的普遍事物。第二種意義近似寬鬆的、比喻性的詛咒，比方：「榔頭敲中他手指，他嘀咕了一句誓詞。」

猥褻字眼（obscenity）

公然使用不雅或禁忌字眼、談及人體私密部位及生理功

---

2 字首音互換，原文為spoonerism，源自英國牛津新學院院長 W. A. Spooner（1844-1930）；此處 You shining wit（你這閃亮的機智妙人）一語應為 You whining shit（你這愛抱怨的狗屎），就是利用字首音互換的方式暗著罵人。

能與產物的咒罵方式。

不敬語（profanity）

濫用涉及任何神聖事物之字詞的咒罵方式。不敬語比瀆神意思廣泛，不同之處在於前者可能無意加以污衊，可能只是以非宗教、不虔誠的態度使用宗教詞語如「上帝」或「耶穌啊」！有時會跟猥褻字眼混淆（見http://www.funbunch.co.uk/breaking/viz.htm的「不敬語辭典」，該處所列的「不敬語」其實是粗話或猥褻字眼）。

咒罵（swear）

「swear」此一動詞有兩種完全不同的意思。一種是尋常語言裡的一個普通字詞，另一種是後設語言的詞語，用來描述一種語言。第一種意思是「發誓」，指正式立下承諾或誓言，比方發誓作證字字屬實、句句屬實、無一不實。在這種情況下，「swear」後面通常接動詞——**說**實話、**盡**全力、**榮耀**我的學校、**奮戰**保衛國家，等等。「swear」的這個意思也可以與介詞「以」或「對」連用——「我**以**我母親的墳墓發誓」或「我**對**聖經發誓」。

「swear」的第二種意思完全不同。在這裡，它不是我們說「我發誓……」時實際使用的詞，而是一個後設語言的詞，描述為了特定目的使用髒話。這種swear後面通常接「朝」或「著」——「他**朝**他太太破口咒罵」、「他咒罵**著**抵

押貸款」──特點在於涉及禁忌或污名化的題材,且有非字面的強烈意義,通常與強烈的態度或情緒有關。

禁忌字眼（taboo words）

被特定文化規定為「不可說」的字詞。這些字詞可能對宗教不敬,或者公開談論私密行為,也可能包括遭到污名化的主題如精神疾病、天生缺陷或曾經坐牢。死亡、收入或個人宗教信仰之類的話題,也自有其禁忌。如今有整套委婉語字彙存在,就是為了讓人可以公開討論這些話題。

粗話（vulgarity）

一種使用髒話的咒罵,打破與私密語言相關的禁忌。範圍比「猥褻字眼」廣,但常被寬鬆地交互使用。粗話通常誇大,或者刻意使用惡俗詞──「我得去大便」或者「哇塞,你看那對奶子」。

「幹」啥？

這幅幹他媽的畫明明就很像她！

—— 畢卡索

每當遇上新辭典，我都用**幹**這個字當基本測試。我首先直接翻到F字部，找出**幹**，看看辭典怎麼說。如果書上的定義不令人滿意，不符合我對這個字在現實生活中各種行動脈絡裡實際用法的了解，我就會放下那本辭典，另尋其他[1]。

畢竟，我知道**幹**是什麼意思。除非是隱居封閉、與世隔絕的人，才可能不知道。因此，如果一本辭典無法在這個字的定義上讓我滿意，我認為這表示它對其他字詞的解釋也不值得信賴。

太誇張？太嚴苛的以偏蓋全？也許，但做為一個立即簡

---

[1] 一如本章所論，英文的fuck一字用途極為廣泛；若翻成中文，不同文法類別的 fuck（及其種種衍生變化，如fucking）可能必須有不同的譯法。本書中將視情況斟酌譯為「幹」、「他媽的」或「幹他媽的」等，以加強語氣。

便的基本測試，我可以向你保證這招有用。如果你建議我再多翻閱一下該辭典，進行更公平的採樣，然後做出理由充分、有統計數據為證的決定，那麼我會回答：人生苦短，別浪費時間。如果當時我情緒不佳，或者脾氣煩躁，我甚至可能會用上那個字——以便傳達我的意思。

對**幹**的公開討論，就像放在一旁爐子上小火慢燉，不時會沸騰起來表示激憤，但現在不像以前那麼嚴重。若說**幹**有什麼值得注意的地方，那就是它的無所不在。有些人認為它的流行是由於道德敗壞，把它跟青少年未婚懷孕、毒品氾濫、識字水平每況愈下、同性戀婚姻等等歸為同一類。另有些人則認為，這個字已經遠離它原來指稱的動作，使其力度大大減退。

事實上，**幹**似乎不但已經失去了原先的字義，而且，做為一個強化語（intensifier），它也不再有強化語氣的效果。換言之，如今要好幾個**幹**才能達到一個**幹**在十年前能達到的效果。但這些論點我們稍後再談。

回頭講我的基本測試。事情起源於我青少年時代，一時淘氣之下，我翻字典查這個字，結果找到的解釋是「性交行動」（an act of sexual congress）[2]。「congress」一字讓我大惑不解。當時我在唸十九世紀歐洲歷史，事實上正讀到維也納國會。我納悶國會與國會之間能發生什麼關係——他們簽

---

2 congress一字最普遍的字義是「國會」，但亦有「性交」之義。

署完文件、一天工作結束之後，是不是就做這檔事？先前我翻開字典時，是睜大眼睛、滿懷信任、需要啟發的；結果查過字典之後，我眼睛瞪得更大、更需要啟發了。在那智識未開、有待開示的年紀，這是多麼悲哀的一刻啊。

然而，事情還是有希望的。那番徒勞無功的查詢，留下的結果就是這項奇特的基本測試，而《牛津辭典》完全不及格。它收錄的詞條最早源於1503年，並提及此詞無法證實與中古英文「fuken」一字有關連。書上告訴我們這字指的是「交媾」，做及物動詞用，要加上「with」。書上也告訴我們，直到晚近，它一直是禁忌字眼，用於口語而非書面，意思等於**該死**，但更為粗俗不文。但我要說，一旦碰上《藍絲絨》（*Blue Velvet*）中丹尼斯・哈柏（Dennis Hopper）的角色所說的「幹他媽的你這幹傢伙，幹你」（You fucking fuck, fuck you），或者馮內果（Kurt Vonnegut）《第五號屠宰場》（*Slaughterhouse Five*）裡保羅・拉薩羅（Paul Lazzaro）那句有名的勸告：「就去摘那幹他媽的它的月亮啊！」（Go take a flying fuck at the moon），《牛津辭典》幾乎毫無用處。

《柯林斯辭典》（*Collins*）就相當不錯，列出各種用法，加註其為禁忌、俚語或冒犯語，還提供許多衍生用法，包括give a fuck、fuck off、fuck about、fucker、fucking、fuckwit等[3]。這才像樣，承認現實世界的景況。《柯林斯辭

---

[3] 此處所列出的片語很難直接翻出原文的咒罵語氣，需視上下文加以修飾才能傳

典》還附加了個灰色小方塊，標題為「語言附註」：

> 許多人在日常對話中使用且過度使用「幹」字，某種程度上減低了它之為情緒字眼的衝擊力。然而此字仍有使人震驚的力道，儘管不如1965年評論家肯尼司・泰南（Kenneth Tynan）在英國電視節目中說出此字時那麼引人爭議[1]。

之後我們會再講到泰南先生，因為那是個精采的故事。

《布倫斯貝里當代俚語辭典》（*Bloomsbury Dictionary of Contemporary Slang*）導論所闡釋的該書走向，引起了我的興趣。在那篇導論中，東尼・索恩（Tony Thorne）說，編纂辭典需要解讀字詞的社會脈絡：說這個字詞的通常是什麼人，在什麼情況下，抱持什麼意圖。他感興趣的是字詞如何在語言中發揮作用，有哪些言外之意、微妙之處、相關聯想以及「聽者略有所覺的……對聲調或意義的影響」[2]。這話在我聽來如聞天籟，我滿懷期待翻開F字部，找到超過四頁**幹**的各種變體，特別與眾不同的一條是「fuck-a-duck」（驚

達。大致說來，這六個詞的基本意思分別為「在乎」（通常用於否定句）、「滾開」、「亂搞、閒混」、「可鄙、可憐或討厭的人」、「他媽的」（放在名詞前的強化語），以及「蠢才」。

[1] Collins, 2003:655.

[2] 見東尼・索恩為《布倫斯貝里當代俚語辭典》所寫的〈導論〉，1991:iv。

嘆詞），定義為「用於表示驚訝或不信，可說完全沒有意義」。這下子我有點失望了。我想，索恩說「沒有意義」，指的是這個詞並非如字面所示是「**幹**一隻鴨」的意思；然而在實際運用上，「fuck-a-duck」可有很多非字面的意思，表示驚訝或不信。

《麥克瑞學習辭典》（*Macquarie Learner's Dictionary*）提供了一場文法盛宴：

「這下你他媽可把事情搞砸了！」（Oh you've gone and fucked it now!）（限定動詞）

「別他媽鬼混了，我們得把這差事做完！」（Stop fucking around. We've got to get this job done!）（動名詞）

「這次別他媽的砸鍋了！」（Try not to fuck up this time!）（不定詞）

「他媽的少惹我，老兄！」（Don't fuck with me mate!）（否定命令）

「他媽的給我滾！」（Get the fuck out of here!）（名詞）

「這太他媽離譜了！」（That's fucking ridiculous!）（副詞）

「幹！好一隻大狗！」（Fuck! That's a big dog!）（驚嘆詞）

（然而該書倒是省略了非標準但很普遍的連接詞用法：「瑪莉很漂亮，幹，也很笨[Mary is beautiful, fuck, she's also stupid.]」。）做為學習參考書，這本辭典強調的或許是該字的構詞用法，不過英文初學者若想把**幹**用在公共場合任何一個人身上，可能最好先在英語國家待個一年左右，如此一來，便有時間接觸了解組成此字意思的大部分變數。先實習一年，當然比較不容易把事情幹他媽的搞砸，但儘管如此也沒有百分之百的保證。

　　這世上並沒有什麼四字詞的競賽，每年頒獎之類，但若說**屎**的力道和惡毒不容小覷，那麼**幹**絕對是語形學彈性遙遙領先的贏家。在〈咄咄屄人〉一章中，我們會談到傑佛瑞‧修斯（Geoffrey Hughes）的八項使用分類，並測試**幹**彈性十足的用途，修斯將之解釋為「在情緒化的脈絡中，用途及文法功能的一般限制變得寬鬆。」[3] 如此的限制永遠在發揮作用，儘管是不為人知的無形作用，防止普通動詞無法控制地發展出愈來愈多的文法類別和言辭行動功能。

　　以動詞「走」（walk）為例。它是規則動詞，除了不定詞形式（to walk）之外，也有一般的屈折變化（walked、walking）。它也可當做名詞（a walk [散步]）、行為者名詞（a walker [走路的人]）以及動名詞（如walking is healthy [走路有益健康]）。不令人意外地，它的現在分詞（walking）

---

[3] Hughes, 1998:31-2.

可以當做形容詞（如a walking tour［步行導覽］）；同樣不令人意外地，它的過去分詞可以用做被動形式（如I'm all walked out［我累斃了］）。這些類別和功能毫無出人意料之處，證明「walk」已被上述的限制安全收進英文的一般範疇，而這些限制就是為了不使語言脫離自身的規則太遠、變成另外一套語言。

然而咒罵詞似乎長出腿來到處亂跑，實現驚人的（不）可能性與命令，比方**幹你娘**和「幹你自己吧」這兩個都算近期發展的詞就是很好的例子。大眾傳播、美國文化、全球化以及英文的普及──尤其英文之為流行文化的語言──都有助於**幹**廣為流傳，到頭來也因之減弱了它的力道。我聽說奈及利亞的年輕人用**幹**字用得很多，直接受到美國城市黑人音樂的影響。但這種力量減弱的現象並不限於英文。比方同一時期，芬蘭語的perkele一字就從非常使人震驚（等於「天殺的地獄！」［Bloody hell］）變成幾乎毫無驚人之處（等於「哎唷喂呀！」）。

修斯的分類儘管完整，但仍未包括**幹**的若干變化，如亂倫的、不太可能的**幹你娘**，或者讓人頗難理解的「幹你自己」，也沒包括此字似乎變化無窮的名詞形式：

　　　　fuckhead，指愚笨或不是好人；
　　　　fucker，指可厭、可鄙、可悲、可憐的人；
　　　　fuckwit，源自澳洲，指某人缺乏大腦，而非指其不道

德;

　fuck-up，指極為惡劣的情況，或者嚴重需要接受精神病治療的人。

　在《如何用四字詞做事》（*How to Do Things with Four-letter Words*）一書中，安格斯・基曼（Angus Kidman）列出另一份有用的**幹**的詞義分類，區分使用幹所能達到的不同功能[4]。

　一種是指稱（referential），也就是說**幹**意指性行為──或者借用我小時候查辭典的結果來說，意指「性交行動」。這是個準確而精簡的字，妙的是，竟沒有其他字詞能替代。「做愛」顯然帶有情緒意涵，無法延伸那麼廣泛；「進行性交」的語域（register）則完全不同。同樣相當古怪的是，儘管**幹**沒有其他精確的同義詞（現在已顯過時的「screw」一字算是最為接近），但這指稱功能的字義反而是它如今較少派上的用場。

　基曼舉出許多例子，說明男女兩性都用**幹**來描述性行為。1971年，潔曼・葛瑞爾（Germaine Greer）宣稱這是個下流的字[5]，僅限男性用來形容「對被動女性做出的舉動」。三十年後，這字已安然進入女性論述，儘管或許不像

---

[4] Kidman 在 Kidman (1993) 中引用 J. L, Austin (1967) 的話。

[5] Greer, 1971:41.

男性那麼完全（關於這一點，〈狗娘養的〉一章中有更詳盡的討論）。

如今，人們對**幹**的理解和使用偏重於它的情緒意義。從這個角度來說，它可以達成多種功能，包括不悅（「他媽的到底怎麼回事？」）、強調（「這裡真他媽熱！」），以及惡意（「你這幹他的蠢才！他媽的少惹我！」）。但它的變遷模式極不尋常。

它起初被視為禁忌字眼，是因為它的指稱功能。然後這個字逐漸轉移為發洩情緒的用途，失去了原來的指稱字義。如今這份禁忌仍然潛存，儘管遠不如二十年前那麼強烈。這個字的性意味幾乎不存，通常更偏向類似「可不是嗎」（go figure）的意思。有無奈的「哦，幹，去它的！」、迷路的「我們他媽的到底在哪裡？」、困惑的「我他媽什麼都不知道」、狐疑的「你他媽是誰啊？」，以及難以置信並且／或者表示敬佩的「你他媽怎麼辦到的？」。

《NTC 被禁的美式英語》（*NTC Forbidden American English*）又是怎麼說**幹**？（請注意，這本書可是專門定義各式禁忌字眼的界限。）該書宣稱**幹**「在各種意義下都是禁忌」，卻也承認此字鮮少用來指稱原義，更普遍的用法是強化憤怒語氣。搞不清楚了嗎？簡言之，性意味已幾乎不存，情緒仍在，禁忌徘徊不去，不過程度不一。

阿諾・史瓦辛格（Arnold Schwarzenegger）曾說：「我在每部電影裡都有戀愛對象——我的槍。」[6]也許有些（但

不是很多）人會覺得驚訝，性與暴力之間有著長久且廣泛的連結。感到驚訝的人，應該思考武器名稱跟性器官名稱的重疊。比方說，拉丁文的 telum 可指「武器」或「工具」或「陰莖」。許多其他語言也用匕首刀劍的名稱來稱呼陰莖。英文將男性生殖器比喻為搥打、切砍及戳刺的工具（「棍」、「撞門柱」、「棒」、「矛」、「撥火棒」、「桿」、「排檔桿」、「匕首」、「劍」、「刺刀」）；其他語言則更確切地將之比喻為槍械（「手槍」、「槍」、「火箭炮」），射精則是相當明顯的比喻（「射」、「砰」、「發射」、「開火」）。

但這並不是說與性相關的詞彙就一定暴力，也有不少多采多姿的說法，比如澳洲英文的「婚禮擒抱」，以及用來形容**性交中斷**的「在紅蕨下車」（紅蕨是雪梨一處郊區，是中央車站的前一站，而後者原為終點站。如果發現其他都市的交通系統也被拿來做類似的運用，應該不令人驚訝）。

《NTC 被禁的美式英語》列舉出「工具」指陰莖，「工具袋」指陰囊，「工具檢查」指性病檢驗，「工具間」指陰道。關於這最後一詞，書中加註道：「玩笑用法，與『工具』配對。並不廣為人知，但很容易理解。」然後另一條註解進一步提醒讀者，女人不喜歡聽見自己的身體被拿來取笑或輕忽對待。

---

[6] 這段話原先出自 1988 年 1 月份《花花公子》（*Playboy*）的一篇訪談，被引用於 Crawley 主編的 *The Wordsworth Dictionary of Film Quotations* (1991)。

為什麼加上後一條註解？習慣把陰道說成「工具間」的人一定知道這詞含有貶意，不管說出之前或之後都不太可能跑去翻字典，查閱它的用法及適當規定。同樣的，沒有任何一個聽到這個詞——或更糟的是，被人用這詞形容——的女人需要查字典才了解說者的意圖或脈絡裡的意義。如此想來，我做出了一個相當明顯的結論，那就是：唯一會用關於辱罵語言、禁忌及惡言的辭典的人，就是我這類的人——此外或許還有你，親愛的讀者？

　　沒有其他字詞能代替**幹**，這點已經很清楚。衛蘭‧楊（Wayland Young）指出，它的取代詞以及委婉語如「交配」、「交媾」、「進行性交」、「跟……睡」以及「做愛」，全都不正確或不合適。他認為，**幹**一字清楚又明白地說出了它的意思[7]。

　　蒙特古也推崇此字的指稱功能，簡明扼要地將之描述為「指人類一項最及物（transitive）動作的及物動詞」[8]。朱利安‧伯恩賽（Julian Burnside）寫道：「要是我們的社會主子能接受『性』是人類存在的正當的一部分，不會就此消失，那麼**幹**也許終將被接受為禮貌用字。」[9] 然而，只要**幹**還是如此有效、用途廣泛的強化語（儘管力道日漸減弱），

---

[7] Young，被引用於Montagu, 2001:314-15。

[8] Montagu, 2001:305.

[9] 見http://www.users.bigpond.com/burnside/obscene.htm。

它就不太可能在不久的將來變得老少咸宜。

路易斯（C. S. Lewis）曾抱怨，我們缺乏一種可以用來輕鬆談論「性」的語言[10]。但這並非巧合。原有禁忌的重點正是在於讓人難以在公共場合提及這些話題，而加強禁忌最好的方式就是除去任何有禮的替代選項。不管是豐富的性俚語和粗話，或者是專供臨床脈絡使用的技術性用詞，都不適合有禮的公開場合。事實上，若要公然提及性，就只能從髒話或小兒語或解剖學中選用詞彙[11]，而這三者都無法滿足社交需要。因此才有這麼多閃爍其詞的說法。當其他用詞都只能拐彎抹角不著邊際的時候，委婉語就很方便好用。但它們都比不上簡單的**幹**，有人說它集簡潔、耐用、可塑性高、表達力強又容易理解等多項優點於一身[12]。

@*%!

對性愛名稱習俗的研究顯示[13]，親密關係的伴侶自會創造出針對特定情境、充滿脈絡意涵的詞句，用於他們的私密交談。他們會給彼此的身體部位（和功能）取可愛的名字，甚至加以擬人化，有其個性和好惡。月經博物館所收集

---

[10] C. S, Lewis，被引用於Hughes, 1998:1。

[11] Hughes, 1998:241.

[12] http://www.users.bigpond.com/burnside/obscene.htm。

[13] 見Cornog (1986)，被引用於Jay, 1999:86。

的許多女人（及其伴侶）為她們月事取的渾名，更鞏固了這項研究結果。

同樣玩笑性質的用法也填補了另一個空缺——便是如何克服或利用英文缺乏一個詞來指稱並未結婚的同居伴侶這一點，可用的只有聽來官僚的「實為」（de facto）或「指定等同配偶」（designated spouse equivalent）。我在這方面做了些研究，發現實為一對的伴侶通常能自己想出辦法，解決缺乏可用字詞的問題。有些詞變得廣為人知，流行了一段時間。有個1980年前後住在英格蘭的澳洲人告訴我，他聽過相當可愛（至少當時如此）的POSSLQ（發音為postle［依apostle的唸法］加Q），意指「同居一處的異性」（Persons Of Opposite Sex Sharing Living Quarters）。另一個指同居詞的是「床友」（bunk-mate），是又年輕又酷的用語，很容易就能解讀為友善、隨意、持續但「並非真正一對」的關係。

有位女性告訴我，跟她的男伴在一起許多年之後，她終於決定用「這是我男人約翰」這種說法，有時候則說「我那一位」。但她那位約翰則認為相對的「我馬子」或「我女人」這種說法很不順口。久而久之，他終於想到把自己描述為「實為她小孩的繼父」。他們是一對彼此關愛的伴侶，這些用詞是有意識的、仔細研究過的選擇，因此，當女方的其中一個小孩順口對朋友介紹約翰是「我媽的抨（bonk）」，那是相當值得紀念的一刻。

事實上，抨本身是個新近出現、表示性活動的字，但也

有另一個較為暴力的意思。這字常用做動詞，也用做名詞。抨可以指性行為，也可以指性行為的對象（「他是不是個好抨？」）。抨起初是英國口語，但當八卦小報興高采烈地用它當標題，描述波里斯・貝克（Boris Becker）[4] 據稱很猛的性生活時，這個字便廣為英語世界所知。「抨抨貝克」順口又押頭韻的效果，八成有助於這個字更加鞏固其在英語裡的地位。

另一個大約出現於同時期的字，是形容詞「可抨的」（bonkable），這個字至少理論上可以變成名詞，「可抨性」（bonkability）。約翰・艾托（John Ayto）認為，抨的原意是「打」（初次出現的紀錄在1931年），由「砰」（bang）字而來，如今的意義是「打」的比喻性延伸[14]。艾托舉出許多1975年到1987年報紙使用抨的例子。儘管字源涉及暴力，這個字（在英國依然用得比美國或澳洲多）目前並不具暴力意味，反而帶點玩笑性質，男女都常使用，酷酷的年輕族群比粗腰中年人用得普遍。

一名跟我通信的友人，回想當年的狂野青春，有些惆悵地寫道：

　　以前我們並沒有這麼一個和氣、親暱的詞來形容那件

---

4 德國網球名將。

[14] Ayto, 1999:462.

和氣、親暱的事。我們在性革命和反文化（counter-culture）的年代脫離青少年時期、進入大學，似乎挪用並某種程度馴服了舊有的四字詞，但那些四字詞充其量只是唐突、粗俗或機械化：「roots」、「screws」、「shags」等等。不然就是「做愛」（而非作戰），但這詞不知怎麼總是顯得有點過於誠懇[15]。

澳洲報紙一名專欄作家曾提出，英國八卦小報發明了**抍**，以滿足全國上下對富有名人常捲入的鹹濕性醜聞的執迷興趣。他將這歸因於「微微掀動的蕾絲窗簾」症候群[16]——也就是「無法滿足的渴望，非要看看隔壁鄰居在做什麼不可，親愛的。」因此**抍**指的是**幹**，但由於它比較「柔和」，便能供公共論述所用，從波里斯・貝克到大衛・貝克漢（David Beckham）皆可。

---

[15] Jeffrey Mellefont 與筆者的私人通訊，2004年3月。
[16] Mike Carlton 於《雪梨晨報》，2004年4月17-18日。

髒亦有道

你要我在幹他媽的天花板上畫什麼？

　　　　　　　　　　　　　　　——米開蘭基羅

　　如果我們真需要為探索咒罵此事提供正當理由，那麼指出咒罵之為一項人類活動幾乎放諸四海皆準，應該便已足夠。各處的禁忌和——當然——字詞本身不同，環境條件、場景和規則也有所差異。但幾乎所有的人類群體都會咒罵。我說「幾乎」是因為仍有一些例外，稍後〈跨文化的髒〉一章會再詳細說明。

　　當然，這並不表示某一文化裡的每一個人面對相同刺激都會罵出相同的話。其中的一些差異，比如與性別有關的，本書稍後也會再加以探討。但還有一些差異並不包括在「階級」或「性別」這類大範疇，而是個人的差異。我們誰沒有一個老處女（或甚至已婚的）姑姑或阿姨非常保守敏感，在她面前每個人講話都小心翼翼、不敢造次？同樣的，我們又誰家沒有一個說起話來咒罵連篇的親戚？

我父母鮮少咒罵，就算真的罵，也是小小聲，而且用另一種語言。我哥哥小時候從不曾咒罵，至少在我面前絕對沒有。我則常常咒罵，口無遮攔。當年我跟四周環境如此格格不入，簡直像憑空掉進我家的外星人。很明顯的，不僅文化與文化之間互有不同，每個文化本身內部也有許多差異。

我們為何咒罵？這問題的答案取決於你採什麼角度。身為語言學家——而非心理學家、神經學家、語言病理學家或任何其他學家——我將咒罵視為一種有意義模式的口語行為，可加以功能分析。從實務角度來說，要了解咒罵，可以從人們認為它具有的意義，以及它在任何特定環境下達成的效果這兩點著眼。

髒話在我腦海裡的圖像是三個同心圓。你也可以用地質學比喻的方式來想這三個圓——地心、地表，以及圍繞其外的大氣層。最裡面那層，也就是地心，是由髒話本身組成，這種字詞約有一打（我喜歡稱之為「十二髒肖」）——**幹、屄、屎、尿**（piss）、**膃**（bugger）[1]、**天殺的**（bloody）和**屁股**（arse），再加上**該死**（damn）、**地獄**（hell）、**屁**（fart）、**大便**（crap）和**屌**（dick）——為許多不同的言辭行動提供資源。先前我已說過，這十二個字詞經常操勞過度，服侍許多不同的主子。而這些「主子」，也就是言辭行動，則位於

---

[1] 原文為「雞姦」之意，中文似乎沒有其他更簡潔、更像罵人話的說法。此處姑譯為「膃」，取其字形（但非字義）所含的性意味。

第二圈，也就是地表。我喜歡用不定詞來想這些言辭行為——咒罵（to swear）、詛咒（to curse）、侮辱（to insult）、強調（to intensify）、說粗話（to be vulgar）、說猥褻字眼（to be obscene）、瀆神（to blaspheme），等等。這些也有一打左右，不過跟四字詞庫裡的那些核心髒話沒有絕對直接對應的關係。比方說，你可以用屎來侮辱人（「你腦袋裡裝屎」），也可以用來加強語氣（「那筆狗屎交易有夠爛的」）。

不定詞型態的言辭行動可說四處漫遊，尋找落腳的特定環境。若沒有脈絡（也就是最外面這一圈），言辭行為都只是理論——還沒有「達成」意義。因此最外面這一圈，也就是大氣層，便是使用的脈絡，有了它，我們選用的字詞才終能有其意義。

只有當字詞置於特定脈絡——有兩個以上的參與者在同一地點時間互動，對彼此之間的關連有共同了解——我們才能討論「意義」及「達成」（achievement）。外圈由三種廣泛的達成領域組成：清滌作用（catharsis）、侵略性（aggression）以及社交關連（social connection），大部分髒話的使用都可歸為這三類。由於生活和語言都是複雜的現象，這三種領域的界線並非斬釘截鐵，而是可以相互滲透，但那是一種特別的可滲透性，容許滲漏發生，卻又不規定非如此不可。

把外圈這三種領域想成人們咒罵的三種原因，或許比較容易。第一種是「清滌」：不小心踢痛腳趾時，你會幾乎本能地罵一句王八蛋！第二種是「惡言」：你看上的停車位

被另一名駕駛搶了，於是你咬牙切齒罵聲王八蛋。第三種是「社交」：碰上好一陣子沒見的朋友，你用「你這老王八蛋」招呼對方。

我們這批陣容雖小但神通廣大的咒罵詞自由效力於這三種範疇，儘管頻率和效果不完全相同。此外，情緒因素可能佔主要地位（如清滌的或惡意的咒罵），也可能只是次要（如社交性的咒罵）。但儘管有這些相互重疊又共組整體的元素，其複雜性其實只存在於學術討論。在「現實」世界中，我們辨別不同種類的咒罵毫無困難，因為每次咒罵都自有其行動脈絡，我們不需要說明書告訴我們那邊那個漲紅臉的大個子是踢到腳趾不爽、是對我們不爽，或者剛認出我們是當年的老同學，於是走過來想重溫情誼。

清滌性質的咒罵最為簡單直接，是那種「踢痛腳趾、撞到頭、輸掉比賽、闖紅燈被逮」式的咒罵，此後我將用「踢痛腳趾」這個詞加以通稱。大衛・克里斯托（David Crystal）對語言做了一番百科全書式的總覽[1]，把踢痛腳趾式的咒罵明明白白歸類於語言的「表達」或「情緒」功能，視之為一種發洩過多緊張精力的本能方式，因此也是語言最普遍的形式之一。若說人生是個壓力鍋，踢痛腳趾式的咒罵則以有其分寸、可以控制的方法宣洩壓力。這是一種我們都能體會的失禮行為 —— 是一個最小公分母，不論情況多荒唐都能為

---

[1] Crystal (1987).

真。

　　底下這個笑話便是一例，幽默地利用了積壓已久、無可宣洩的挫折感此一放諸四海皆準的情緒。

　　在耶路撒冷，有個女記者聽說一位年紀非常大的猶太老先生每天都到哭牆旁祈禱，一日兩次，天天如此，已經持續了很長很長一段時間。於是她去一探究竟。她來到哭牆，果然找到他。她看著他祈禱，大約四十五分鐘後他轉身準備離去，她便上前採訪。

　　「我是CNN的某某某。老先生，您來哭牆祈禱已經多久了？」

　　「差不多五十年了。」

　　「五十年！太驚人了！請問您祈求什麼？」

　　「我祈求猶太人與阿拉伯人和平相處，祈求大家心中不再有恨，祈求我們的孩子能在友誼中平安長大。」

　　「這麼做了五十年，您有什麼感覺？」

　　「感覺我他媽根本是對著牆自言自語。」

　　在踢痛腳趾式的咒罵中，實際使用哪個情緒字眼對功能並無影響。真正「說話」的是發洩壓力、釋放若干積壓情緒的此一行為，與使用什麼字詞無關。這種語意真空可用「情緒字眼」一詞的次要意義加以點明：「任何沒有獨立意義的音節、字詞或片語，尤指穿插於一行詩句中以求合乎格律

者」[2]，例如「花朵開放在春天，夏啦啦」（the flowers that bloom in the spring, tra la）裡的「夏啦啦」。下次你若因咒罵而被人責備，別忘了這一條。

在這種咒罵中，我們一時失去冷靜、失態——也就是失去了我們每個人在別人面前緊密自我控制的狀態，這種狀態使我們的界線保持完好，使人與人之間的接觸不至於發生摩擦。大部分時間，我們都意識不到自己花了多少心力在維持這種態度，但有時候——頻率如何則視個人而定——冷靜則會出現閃失。

社會學家爾文‧高夫曼典型地將這些閃失視為身體界線完整性的崩塌，給了它一個很妙的名稱，叫「氾濫而出」（flooding out）。哭泣就是氾濫而出的一個絕佳例子，咒罵也是。稍後我們談到使用髒話的性別議題時，將會發現這兩種行為並非毫無關連。1913年《笨拙》（Punch）雜誌刊登一幅著名漫畫，畫的是一位老太太俯身對一個顯然很傷心的小男孩說話。她問：「小朋友，你為什麼哭？」他則回答：「因為我年紀不夠大，還不能咒罵。」[3]

哭泣和咒罵的關連可能不僅限於一個層面[4]。史提芬‧平克（Steven Pinker）比較人類語言及其他動物的溝通系

---

[2] Collins (2003).

[3] Montagu, 2001:72.

[4] Pinker對人類語言及其他動物溝通系統的比較，見 *Language Instinct* (1994)。

統，發現靈長類的呼叫聲不像人類是由大腦皮質控制，而是由腦幹及邊緣系統中更古老的神經結構所控制，而這兩個區域都與情緒有密切關連。（我有次收到一份在網路上到處轉寄的文章，文中表示：「下視丘是大腦最重要的部位之一，其各式功能包括負責產生許多種類的動機。下視丘控制『四個F』：戰鬥[fighting]、逃跑[fleeing]、吃食[feeding]、交配[mating][2]。」）

平克把咒罵與笑、哭、呻吟以及痛苦時發出的聲響歸為一類。我們或許可稱這些表達方式比較原始或比較「基礎」——最為接近**人類本質** [5]。我不確定是否有人曾將這些研究結果用在法庭上，抗辯冒犯性語言的罪名——「當時我的行動是出於下皮層，法官大人」或者「是我的邊緣系統導致我做出這種事」——但這也是個主意。

踢痛腳趾式的咒罵帶有預料之外的因素。我們的平穩前進突然被打斷，這令人既不自在也不歡迎，因為我們通常不喜歡惡劣的驚奇。我們天性傾向於抱持著天真樂觀的態度度過一生，預期我們的需求和欲望都能順利得到滿足。這叫做「波莉安娜假設」（Pollyanna Hypothesis），跟比較腳踏實地的「莫非定律」（Murphy's Law）恰成對反。波莉安娜假設

---

2 最後一個F顯然本應是fucking，但轉寄文章者可能因為怕如此「不雅」語言引致反感而加以修改。

[5] 這句話出自Arango的 *Dirty Words* (1839)，引用於Dooling, 1996:54。

或許看似無稽，但卻能持續下去，因為若沒有它，一般的日常生活將會變得難以忍受。

因此當我們的預期莫名其妙被推翻——這種事常發生——我們就會極度（儘管可能只是暫時）失望。我們的「心理社會平衡」受到擾亂 [6]，但我們用以發洩情緒的情緒字眼是安全閥 [7]，可以抒解突然暴漲的不適恰能量，十分有助於導正心情，恢復健康平衡。至少持續到下一次。

當然，我們對於意料之外的事物有另一種為人熟知的反應：笑。有人曾說，所有的笑其實都是一種「看見穿著稱頭的人大搖大擺走在街上，卻踩到香蕉皮滑倒」的本能反應，儘管其世故細膩的程度不同。我想是佛洛伊德宣稱，我們對香蕉皮場面發笑，是因為鬆了口氣，因為滑倒的是別人而不是我們。但出乎意料的事物引發的是笑聲還是情緒字眼，則取決於許多變數。比方說，你是自己一人，還是跟別人一道？如果是後者，跟你一道的人是誰，你與他們的關係為何？其中是否涉及痛苦，如果有，又是誰的痛苦？你自己的痛苦比較可能引發情緒字眼，別人的痛苦則很好笑。這也許是對**人類本質**的悲哀評語。

發出情緒字眼可能對我們的健康有益，因為它扮演了抒解兼淨化兼安撫兼清除的角色，減輕我們的壓力 [8]。情緒字

---

[6] Montagu, 2001:72.

[7] Montagu, 2001:79.

眼可以用來罵沒有生命的物體——有些人痛罵害他們撞頭的櫥櫃或夾到他們手指的門，彷彿那東西有動作能力、有意志、有惡意。這種咒罵有時稱為「惱火咒罵」，它的一個重要特點是不需要聽眾，就像打嗝或其他更失禮的生理排放也不需要聽眾 [9]。我們甚至可以說，正是因為沒有聽眾，不受限制的情緒字眼才有最大限度的自由。

當然，如果你知道那位老處女姑姑或阿姨（或其他表明自己不咒罵或反咒罵的人）就在聽得到你講話的地方，那麼就算踢到腳趾再痛也可能有所節制，或許會把**狗屎！**改成「夠了！」。由於語言的作用豐富又複雜，那位姑姑或阿姨會知道你是因為尊重她的耳朵——也就等於尊重她本人——才改口的，於是她內心會感到滿意，儘管表面上表示不讚許。

第二種咒罵是「惡言」或「詈辱」的咒罵。這跟清滌咒罵一樣情緒化，事實上可能更甚之，因為引發這種咒罵的語境通常為時較長，不像簡單的情緒字眼只因踢痛腳趾而出現。今早遛狗時，我經過一男、一女和一個小孩，三人看似一家，朝同一方向走，但卻沒有並肩而行，散開得頗遠，彼此相隔十幾步。男人辱罵女人，女人也毫不遜色地回敬。除了一連串b字眼和f字眼，就我能聽出的內容而言，他們談的是在小孩面前咒罵的問題。我猜想爭執可能因另一個主題

---

[8] 見蒙特古提及Campbell、Hughlings、Jackson與Steinhoff，2001:83。

[9] 兩名採用此名稱的研究者分別是Burridge (2002) 及Montagu (2001)。

而起，然後惡化成咒罵，於是爭吵的話題變成咒罵本身，並且當著小孩的面進行。他們的聲音太大，我想不聽都不行。這場戲似乎經常上演，主角顯然都很熟悉自己的台詞。我驚異於這場景編寫得如此精緻。小女孩拖著腳走在後面，彷彿這一切她都已聽過，而無疑她確實都已聽過。

這是惡言咒罵的絕佳例子。我有幸與聞的部分大約四分鐘，但他們絕對從我聽到前就已開始、在我走開後也依然繼續，因此我不知道這場咒罵總共為時多久。這甚至有可能是這對夫婦平常的對話風格。看過澳洲片《蒂許與楚德》（*Teesh and Trude*）（為了做研究），我的結論是，每講一句話都插進一個咒罵詞是可能的，就像歐威爾（George Orwell）或康拉德（Joseph Conrad）句句都可能插進一個限定動詞。

這樣的口語辱罵被稱為「戰鬥字詞」（fighting words），不是沒原因的 [10]。提摩西・傑提醒我們，美國憲法對個人言論自由的保護不包括誹謗、中傷、猥褻字眼、戰鬥字詞，以及會引發立即直接的危險的字詞。一如憲法保障持有武器之自由的條文措辭，美國人始終跟這些定義糾纏不清。

關於「戰鬥字詞」的看法，似乎可分成兩派 [11]。第一派被稱為「字詞可傷人」派，主張戰鬥字詞或「當面對個人說出的人身攻擊罵詞」與傷害的意圖有關——可能是生理傷

---

[10] 關於「戰鬥字詞」的有趣討論，見Jay (1999)。

[11] Jay, 1999:212.

害，可能是心理傷害，也可能兩者皆是。另一派則主張應在口語攻擊與肢體攻擊之間做清楚的區分，生理傷害與心理傷害亦然。有人認為口語暴力能代替肢體暴力，反而會降低而非增加肢體的侵略性，甚至可能發揮使人穩定的保護作用。

人們對咒罵所持的態度，做為文化建構如禁忌、教會規定或俗世法律，都藏有一個公分母——那就是相信，某些情況下以某些方式說出的某些字詞具有象徵力量，這種象徵力量有時被視為「魔法」。是這些文化態度，使該文化特有的咒罵詞具備了危險性。這是一種反身關係：認為某些字詞有力量的這種看法，給了那些字詞力量；而這股顯現出來的力量，又強化了這些字詞有力量的看法。

這是「只有你讓他們傷害你，他們才傷害得了你」的變奏。實際的咒罵詞可能會隨時間有所變遷（稍後我們討論**幹**逐漸減退的力量時會談到），但就包藏其中的關於「字詞魔法」的信仰而言，這只是次要的。一個字詞不合用了，就會有另一個字詞加以取代。禁忌稍微變動一點點，但魔法仍存。

惡言咒罵跟踢痛腳趾式的咒罵不同之處，不僅在於其侵略性——儘管只是象徵性——的意圖，它的「參與框架」（participation framework）也不同。這是高夫曼的用詞，表示在互動中誰扮演主動（參與）角色，誰扮演被動（觀察）角色；誰在前台（中心參與），誰在後台（邊緣參與）；誰受核可（其參與為人所知），誰不受核可（其參與不為人知）。

惡言咒罵的主要特點之一，就是需要有別人參與。清滌咒罵者大可自言自語大吼大叫，惡言咒罵則需要有目標，因為惡言咒罵者想造成傷口、想撕裂、想引致傷害——簡言之，就是心懷惡意。

有些作家，包括詩人柯立茲（S. T. Coleridge），試圖將惡言咒罵這個高度情緒化的種類再分出兩個次類別[12]。第一種比較接近清滌咒罵，可以清除咒罵者心中的惡毒之意，但差別在於以某人做為對象。其核心動機在於需要發洩若干情緒，而那可憐的對象只是不巧出現在該時該地。這種咒罵者在激動當下可能會說出很難聽的話，但並非真有那個意思，過不久可能便會將之拋在腦後。

柯立茲列出的第二種次類別，指的是使用口語暴力的咒罵者是真的懷抱惡意，其動機跟罵出來的話一樣惡劣。把這兩種歸為一類是不公平的，因為儘管聽起來可能很像，用的髒話也類似，但兩者意圖不同，聽者也應以不同的認真程度對待之。分辨這兩種的一個方法是把某些咒罵視為「只從口出」，比較嚴重咒罵的則是發自內心[13]。

個別分析惡言咒罵與清滌咒罵，並不表示兩者不能結合。我們很容易想像，一個人一開始只是對某個討厭的阻礙發洩情緒，之後卻轉變為——或者也可以說升級為——一場

[12] Montagu, 2001:53.

[13] Montagu, 2001:35.

詈辱咒罵。所以才會有那麼多亂發飆的人（從公路駕駛到海濱衝浪客到班機乘客）。也許活物目標的出現有火上加油效果，把原先可能只是短暫的情緒字眼變成全面爆發。對咒罵者而言，惡言攻擊可以達成兩個目的——情緒的清滌抒解，同時也能把怒氣發洩在選定的目標身上。

若說清滌咒罵和惡言咒罵是手足，第三種咒罵，也就是「社交咒罵」，則——繼續用家屬關係來比喻——連遠親都算不上。研究證實了我們直覺知道的事，那就是：在放鬆的環境、人們與其他在場成員相處自在的狀況下，其語言含有大量咒罵。凱特·柏瑞芝（Kate Burridge）寫道：「一般說來，一群人愈是放鬆，講起話就有愈多咒罵。」[14] 當然，這句話的真實程度要看階級與性別等社會變數而定。在男女都有的團體中，人們咒罵的頻率低於單一性別——無論是男性女性——的團體，但「輕鬆自在」和「咒罵」之間絕對有關連。

這些環境因素容許用平常被視為難聽情緒字眼的字詞來表達驚喜或意外。「幹，你帶來的啤酒真有夠多！」或者「把你那堆狗屎玩意兒放下，過來喝一杯。」（在這兩個自然發生的例子中都有酒精飲料存在，八成有其意義。）加強語氣的咒罵詞諸如「天殺的」、「幹他媽的」、「屌大一個」、「好一狗堆」等等，在同一團體成員的輕鬆對話中都能運用

---

[14] Burridge, 2002:229.

自如，使其語言更生動更有色彩，並加強彼此間的同志情誼。這是語言兩大功能——實質或交換的，以及人際或關係的——協力合作的經典例子。事實上，在社交咒罵中，實質或交換的訊息內容還不如人際關係的意味來得重要。

社交咒罵雖與另兩種咒罵使用同一套詞彙，但也自有其特異之處。其中之一是將咒罵詞變成複合語，比方壓頭韻的「bloody beauty」（天殺的美）或「fuckin' fantastic」（幹他媽的棒），或不壓頭韻但常見的複合語如「bloody awesome」（天殺的讚）。還有一種用法是以中綴（infix）表示最高級的加強語氣，將咒罵詞插在現有字詞的中間：「absobloody-lutely」（絕天殺的對）、「fanbloodytastic」（棒天殺的呆了）、「infuckingcredible」（難以**幹他媽的**置信）、「hoofuckingrah」（好**幹他媽的**耶）、「indegoddampendent」（獨**該死的**立），或者是出現在汽車保險桿貼紙上的無母音版本：「nfknblvbl」[3]。

這種語言現象亦稱為「融合為一的形容詞」（the integrated adjective）[15]。事實上，《一本關於澳洲的書》（*A Book about Australia*）中便收錄了約翰・歐葛拉第（John O'Grady，又名尼諾・庫洛塔[Nino Culotta]）一首叫這個名字的詩作[16]，詩裡出現許多融合為一的形容詞：「me-

---

3 原文顯然應為 "unfuckingbelievable"，也是「**幹他媽的**難以置信」之意。

[15] Hughes, 1998:24.

bloody-self」（我天殺的自己）、「kanga-bloody-roos」（袋天殺的鼠）、「forty-bloody-seven」（四十天殺的七）、「good e-bloody-nough」（夠天殺的好）。難怪「天殺的」被稱為「最偉大的澳洲形容詞」。向我提起這首詩的人寫道：「我讀這本書，因為當時我正在考慮移民澳洲。它並沒有潑我冷水。」

典型地，社交咒罵詞起初都是「壞」字，但變得約定俗成，成為可供辨識的社交形式。把咒罵詞當成寬鬆的加強語氣詞，有助增進同一團體的人隨口談天的輕鬆寫意氣氛，康妮・艾柏（Connie Eble）在一份關於大學校園內俚語與社交之關係的研究中便探討了這個現象[17]。這種咒罵儘管可能針對別人，但並無貶意；它的形式常跟惡言咒罵一樣，但功能相反，意圖在於說笑而非冒犯[18]。總而言之，這是開玩笑的、隨便的、輕鬆的交談，參與者不只用談話內容也用談話方式來潤滑彼此的關係。

社交咒罵非常能夠消除階級差異[19]。在社交場合，甚至可以看到經理和工人這樣交談。這並不是說，這種場合的溝通就毫無限制；在場每個人都知道這是社交活動，跟職場

---

[16] T. Inglis Moore編，Collins UK1961年出版。

[17] Eble (1996).

[18] 關於咒罵語做為鬆散的強調詞，見Andersson & Trudgill, 1990:61。

[19] Holmes et al. (1996).

其他運作是完全隔開的。工人照經理的話行事，情況鮮少顛倒。等社交活動結束，事情又恢復平常的秩序，沒有滲漏或殘留。

演講時，若聽眾是我不熟悉的對象，使我無法解讀他們的反應而感覺不自在，我發現偶爾恰到好處地隨口說出一兩個低語域的字詞，可以明顯軟化先前僵硬、冷淡、疏遠、正式的聽眾。這種時候我會感覺到一種發自肺腑的放鬆，全場氣氛輕鬆起來，接下來我講得比較愉快，他們也聽得比較愉快，絕對是雙贏局面。起初我一定是潛意識地、直覺地使用這一招；後來，等我注意到聽眾如何有所改變，如何放鬆變得更願意傾聽，我便有意識地運用此一策略。我毫不懷疑演講名嘴和喜劇演員也運用類似的戰術。

有時候，要檢驗一個論點是否正確，可以從它的反面去看。此處我們主張社交咒罵是團體中的潤滑劑，標示歸屬團體的成員，可以用來評量一群人有多放鬆。其反面就是用語言來擴大人與人之間的社交距離，而非縮短或跨越它。我們都會用超級正式的態度收回暖意、表示疏遠，這招說不定比惡言咒罵爭吵更能擴大社交距離。我聽說日本人已將這招精鍊成一種藝術，而充滿許多敬語的日文也可以做許多微妙的變化。

我聽說，婚姻諮詢中運用的一個策略，就是讓爭吵的雙方各退一步，改變他們平常對彼此使用的語言。他們不用身為夫婦的親密（儘管常常鬥嘴的）論述，改用比較疏遠正式

的說話方式，類似我們與人初識時會採取的客氣態度。說不定（我並沒有證據支持這個論點）這是為了打破口角的惡性循環，或只是為了讓治療師覺得場面比較沒那麼不愉快。

我不確定湯姆・克魯斯（Tom Cruise）和妮可・基曼（Nicole Kidman）是否試過用這種改換論述的方式來挽救他們十年的婚姻，但克魯斯常以禮貌拒人千里，這點是為人所知的。《時代》雜誌曾以克魯斯做封面人物特別報導，標題是「身為湯姆」（Being Tom），介紹克魯斯及其在好萊塢如日中天的事業。文中有這麼一段：

> 無論在電影裡或生活中，（克魯斯）似乎已把贏得人心的能力練得爐火純青，讓人喜歡他卻不真正了解他。他很殷勤。他聽你講笑話會笑。他好奇但不多事。他直視你眼睛。他甚至請你提供建議……然而他既可以和悅也可以疏遠，既可以投入也可以防備，**他的禮貌態度本身就是一種拒人千里的屏障**……克魯斯一直是我們不太能清楚認識的一個人[20]。

禮貌之為社交距離的標籤，正是咒罵之為社交融洽的標籤的反面。克魯斯不是不能兩者兼備。他可以，幾乎每個人

---

[20] 見2002年7月1日《時代》雜誌 Jess Cagle 的 "About Tom" 一文。著重為筆者所加。

都可以。他只是對時間、地點、對象和環境加以明智選擇，
而在這一層意義上，咒罵跟語言其他部分並無不同。

咄咄屄人

有很多人要幹他媽的人頭落地了?

———安·波琳[1]

屄從不天真無辜,至少已經很多個世紀不曾如此了。

所有四字詞中,屄絕對是最難聽無禮的一個。潔曼·葛瑞爾曾說這是「一個人能被罵的最難聽的話」[1]。1811年版的《粗口辭典》(*Dictionary of the Vulgar Tongue*)毫不掩飾其厭女主義,稱此字為「一樣惡劣東西的惡劣名稱」。如果我說該辭典的編輯竟能這麼光明正大表示性別歧視,完全不覺得需要委婉措辭或語焉不詳,如此不政治正確的態度倒頗令人耳目一新,各位應該能原諒我這種說法吧。

跟其他咒罵詞一樣,追溯屄的歷史格外困難,只因為它

---

1 Anne Boleyn(1507?-36),英王亨利八世的第二任妻子,伊莉莎白一世之母,後以通姦罪名遭處死。

[1] Greer, 1971:39.

的禁忌性質使得使用紀錄難尋。《牛津英文辭典》記錄此字的第一筆資料，是中古英文一條倫敦街道的名稱：「摸屄巷」（Gropecuntlane），時間是1230年。讓人不禁納悶這街名是誰取的，為什麼這麼取，街上又是什麼情形——不過你八成可以猜上一猜。有人提出很合邏輯的推論，既然街名是大家都要用的，因此屄當時可能是個為眾人接受的字[2]。這推論也似乎符合另一個觀點，即：在中古世紀之前，身體部位和生理功能都被視為尋常，可以常常提起[3]。為了支持這個論點，我們或許可以參考朗弗蘭（Lanfranc）寫於十五世紀初的《外科科學》（*Science of Chirurgie*）：「女性尿道很短，離屄很近。」[4]

語源學家不太可能輕易對屄的字源達成共識。一個獲得提名的來源是古英文的cwithe（「子宮」），另一個可能的候選人是盎格魯薩克遜語的-cynd（「天性」或「本質」）。這兩個字似乎在古斯堪地那維亞語、古弗里西亞（Frisian）語和中古荷蘭語中都有親戚。由於這些語言都被視為原始印歐（Proto-Indo-European）語的分支——該語言古老得多，約存在於四千到六千年前——學者多半同意這些c開頭的字全跟冰島語的kunta脫不了關係。帕崔里吉（Eric Partridge）[5]

---

[2] 見Hughes, 1998:20。

[3] McDonald, 1988:35-6.

[4] 朗弗蘭《外科科學》的此段引文也來自McDonald, 1988:36。

把「ku」解釋為「最精華的生理女性特質……（所以）……可以部分解釋何以牛在印度被視為神聖的動物」[2]。

關於此字跟拉丁文cunnus（「外陰」）「有可能但無定論的關連」，依然眾說紛紜[6]。有些人認為屄與拉丁文的cuneus有關，意為「楔」，此字八成為英文的羅曼語[3]親戚提供了con（法文）和conno（義大利文）。順帶一提，後兩者雖然「低級」，但跟很具冒犯性的英文親戚比起來算是溫和的字。

屄有一個變體「queynte」[7]，應是刻意用來取代它的字，出現在喬叟（Geoffrey Chaucer）的〈磨坊主的故事〉（Miller's Tale）和〈巴斯婦人的故事〉（The Wife of Bath）中；修斯推斷，當時此字已經開始失去中古英文之前那種為大眾接受的性質。莎士比亞也避免直接提到此字，不過有許多雙關語都暗藏著它。「constable」（士官）（《結局好萬事好》[All's Well that Ends Well]，第2幕第2景，29-34行）[4]以及

---

[5] 帕崔里吉的此段引文轉自McConville & Shearlaw (1984:45)，而且順帶一提，那篇論文把這段話加上驚嘆號。

2 牛在英文中一般稱cow（母牛、大型母獸），語源可能也與ku字有關。

[6] Hughes, 1998:27.

3 Romance，屬印歐語系，衍生自拉丁文，主要有法文、義大利文、西班牙文、葡萄牙文、羅馬尼亞文等。

[7] Hughes, 1998:20.

4 語出劇中老夫人與小丑的對話：

小丑：從公爵下面到士官下面，它適於回答一切問題。（From beneath your duke to beneath your constable, it will fit any question.）

「country matters」（壞主意）（《哈姆雷特》[*Hamlet*]，第3幕第2景，116-122行）[5] 都頗為明顯地暗指那個 c 開頭的字；在莎翁作品仍是學校課表中份量不輕的必讀內容的年代，這些雙關語讓許多青少年為之竊笑。

打從十八世紀開始，屄就被視為猥褻，除非重新出版古代經典作品，否則在書中完整印出此字是犯法的。初版《牛津英文辭典》完全避而不提，不過自從1965年的《企鵝英文辭典》（*Penguin English Dictionary*）首次收錄此字之後，《牛津》後來的增訂版也收入了它。我們必須理解，辭典編纂者本身也受禁忌的限制，那些限制使咒罵語過於燙手，無

老夫人：那一定是一句能適合一切需要的特大碼的答話。（It must be an answer of most monstrous size that must fit all demands.）

引文出自方平所譯之新莎士比亞全集25，頁58（木馬：台北，2001）。

5 語出劇中哈姆雷特與奧菲麗雅的對話，由上下文觀之，性暗示意味確實頗為明顯：

哈姆雷特：小姐，我可以躺在你的腿上嗎？

奧菲麗雅：這不行，殿下。

（……）

哈姆雷特：你以為我是在動什麼壞主意嗎？（Do you think I meant country matters?）

奧菲麗雅：我什麼也沒想過，殿下。

哈姆雷特：想想吧，躺在姑娘的大腿中間，倒是挺有意思呢。（That's a fair thought to lie between maids' legs.）

引文出自方平所譯之新莎士比亞全集24，頁121（木馬：台北，2001）。唯此處人名翻譯略有不同。

法妥善處理。

D・H・勞倫斯（D. H. Lawrence）的《查泰萊夫人的情人》（*Lady Chatterley's Lover*）遭禁、引起軒然大波時，這個字隨之打響了知名度。1960年，企鵝出版社打算完整出版該書，結果被控妨害風化。此書原於1928年在佛羅倫斯私下印行，市面上只買得到刪節本。如今很難相信這本書造成如此嚴重的群情激憤，還引致一場審判，法庭上滿是過於認真、板著撲克臉的學者，一心要定義猥褻究竟是什麼。但毫無疑問的是，此書把屄引進了書面世界。

> 「屄是什麼？」她說。
> 「她不知道嗎？屄！就是妳下面那兒，我進去那兒時得到的東西，那就是它，整個兒的。」
> 「整個兒的。」她逗他。「屄！那就是跟幹一樣囉。」
> 「不對，不對！幹只是做那檔事。動物也會幹。但屄不只是那樣……」[8]

梅洛斯，女主角的情人，不是第一個也不是最後一個難以解釋這個麻煩之至的字的人。以上的引文中，他碰上的困難在於想以外延（denotative）或描述的方式來使用一個禁忌字眼。我的意思是，他試圖給屄下定義，就像別人可能為

---

[8] Lawrence [1928] 1960:234.

「椅子」或「物理學」或「集體意識」下定義一樣。這招就是行不通，因為禁忌字眼——或者可稱之為咒罵論述的具體零件——已充滿太多內包（connotative）或情緒的聯想，而非只有描述性或辭典上的意思。辭典會告訴你這樣一個字的意思，也會指出它具有冒犯性；但實際為人感受到的內包性質，則只能在使用的情境或脈絡下才能了解。

提摩西・傑指出描述性意義和情緒性意義之間的差別。他提及曾在廁所看到一句塗鴉，寫道：「你們全是一群有夠幹的花癡。」「幹」這個形容被圈起來，另一個筆跡補充道：「花癡沒有別種。」第二個塗鴉的人故意選擇**幹**的描述性意義，而非內包性意義。

這兩種意思或意義之間的緊繃張力是豐富笑料的來源，長久以來都為喜劇演員開發利用[9]：

> 一個中年女人去看婦科醫師，做完年度體檢回來，向丈夫宣佈醫生對她說了什麼。「他說我依然保有像二十歲一樣高挺的乳房、三十歲的血壓、四十歲的身材。」丈夫則回答：「哦，是嗎，那他對妳那五十歲的屁股有什麼意見？」「哦，」她不假思索地說：「我們沒時間談到你。」

---

[9] Jay, 1992:10-1.

跟其他禁忌字眼一樣，屄通常用來製造說者想要的強烈情緒效果。婦科醫師不太可能用屄指稱女性的那個相應部位，同樣也不太可能問病人：「妳嘘嘘的時候下面會不會有灼熱感？」脈絡或地點本身就具備或被加諸或受限於幾乎已事先寫好的腳本，而身為一個語言社群裡的社會化成員，很大一部分的要素就在於知道該何時對何人用何種腳本。喜劇演員當然常跨出界線，而我們容許他們打破規定，得到的獎品就是笑聲。

　　咒罵這件事有一個有趣面向，我稱之為「麻木」效果。首次在一個脈絡裡聽見屄，其中包含了震驚值（shock value）。這個值當然會有所變化，取決於你是什麼人、身在什麼地方、當下情形如何，等等，等等。如果此字繼續使用在同一脈絡，震驚值就會逐漸減退。我聽說，在舞台劇《陰道獨白》（The Vagina Monologues）演出過程中，演員要求觀眾一再重複唸誦屄字，以減低他們的敏感程度（不過，想來，會去看叫這名字的戲的人，應該對自己可能聽到什麼字詞多少有點心理準備，因此比較不容易受到震驚）。

　　另一個類似的情況是，我聽說數年前ABC的廣播節目討論過一樣名為〈我的屄〉的藝術品。可以想像，要討論一樣藝術作品，很難不提它的名字。然而聽眾無法聽出引號或者標示專有名詞的大寫字母，因此節目中的受訪者非常尷尬地意識到，聽眾可能把這名稱聽成單指個人的「我的屄」。然而，有趣的事發生了。在訪問討論過程中，這個字被用了太

多次——事實上是幾百次——因此到最後，上節目的人對它的力道和效果都已經沒什麼感覺。我們可以說，由於過度曝光，屄獲致了普通字詞的性質和質地。事實上，《查泰萊夫人的情人》一案開庭審理時，前來作證的許多重要文壇人物中，有一人便曾說，在閱讀這本書的過程中，他發現那些所謂猥褻的字眼「愈用就愈得到淨化」[10]。

讀過本章早期草稿的人士當中，有人在原稿上寫了這段評語：

> 我已經把妳的文章讀過三遍。我發現，每次閱讀，我一開始讀到那個字都覺得震驚、不自在。第一次碰上它時，那感覺簡直像眼球都為之震動。但讀到半途，它的震驚值便已減退，讀到最後，屄在我看來已跟其他字沒什麼兩樣。

您，我的讀者，在遭遇過幾十次屄字之後，現在可能也有同感。你可能一開始也覺得震驚，儘管你實在不能抱怨遭受意外創傷（或者提出控告要我賠償損失），因為，畢竟你買下這本書時便已相當清楚會讀到什麼東西。不過，你仍然處於最適合評判的位置，可以判斷我對震驚漸減（也就是麻木效果）的理論是否有道理。

---

[10] Hoggart (1961) 引用於 Hughes, 1998:193。

如果一個字要能使人震驚，就必須保持該字的禁忌。人們愈常聽到某個字，其禁忌就愈弱，震驚值也因而愈低。稍後討論**幹**時，我們會談到，若一個字被過度使用、導致幾乎所有震驚力道都流失，會產生什麼情形。

　　專門鑽研咒罵的少數語言學家已辨認出意義強度與使用彈性之間的相互關係。換言之，一個詞語愈是變得充滿情緒意涵，可以達成的文法範圍就愈廣。傑佛瑞‧修斯對咒罵的力道與彈性做過一份詳細研究，以極為精準的分類法，列出八種使用範疇[11]，將以下這些咒罵詞語歸納其中——**該死、幹、屄、屎、屁、尿、嬲、王八蛋、屁股和屁眼**。我們不離題太遠，這裡且用**幹**字說明修斯那八個範疇，有助於接下來的討論。

　　第一個範疇很單純，就是「個人」，直接對對方發話：「你」＋咒罵語——「You fuck!」（你這個混蛋東西！）6 這在美式英語中最為普遍。第二個範疇是「指稱個人」，咒罵者提及某個可能在場、也可能不在場的人事物——「The fuck!」（那個混蛋東西！）這範疇的變奏包括表示驚訝的問題：「What the fuck?!」（他媽的搞什麼啊?!）或者「Who the fuck?!」（他媽的誰啊?!）第三個範疇的名稱挺可愛，叫

---

[11] 修斯的八種使用類別可見於 Hughes, 1998:30-1。

　6 中文的「幹」字沒有前三個範疇的用法，為了保持此處說明的一致性，便保留原文，後加以簡單的意思說明。

做「目的地」，表示咒罵者希望被罵的對象被帶到或自行移到別的地方去——「Fuck off!」（他媽的滾開！）第四個範疇叫做「詛咒」，直接又清楚——「幹你的！」

第五個範疇是用做「表示憤怒、煩躁、挫折的一般情緒字眼」——例如踢到腳趾時簡單的一句：「幹！」第六個是「表示憤怒、煩躁、挫折的特定情緒字眼」——「幹它的！」在大多數情況下，這跟第五個範疇都能互換，不過很清楚的是，加上受詞（「它」）之後，語意變得更貼近動作的此時此地，而我們知道，至少在咒罵時，即時貼近永遠能加強力道。第七個範疇是保留給可以形成動詞片語的字：我們大可以fuck about、piss about、bugger about[7]（不過，因為屄不是動詞，我們不能cunt about）。

第八也是最後一個範疇，指的是一個字「延伸為形容詞的能力」，主要是以後綴「-ing」（如「fucking」）或「y」的方式形成（如「shitty」）。目前「fuck」不能後綴「y」，但這並不表示以後也不能（咒罵國度，一如語言的其他任何面向，都時時有所改變。我記得第一次聽到「It sucks」[有夠爛]時多麼驚訝）。

屄似乎是「強度與彈性有所關連」的這條普遍規則的一個重要例外 [12]。它可說是英文中最充滿情緒的禁忌字眼，

---

7 這三個片語都有「胡搞」、「閒混」、「瞎忙」之類的意思。

[12] 儘管屄的用法照理說並不彈性，但一位提供資料的人士宣稱，「cunting」在英

然而並沒有轉移到動詞範疇。如我們不能說「屄開！」、「屄你的」、「去屄吧」，或「屄你自己吧」。一般而言，屄也不能當形容詞，用來描述某物為「cunting X」或「cunty Y」，儘管「a count of a」（好個什麼什麼）這片語也可達成形容詞的功能。

儘管略可當做形容詞，但屄多半僅限名詞，而且就算當名詞用也有若干限制。它可以有複數形（「你們這些屄」），但遠不如單數常見。受限於名詞特徵，屄因此只能用於修詞的頭兩個測試範疇──個人／直接的（「你這賤屄！」），以及指稱個人的（「那個賤屄！」）。屄之所以能保持如此惡毒，有可能是因為它的用途主要限於名詞。就某種意義而言，屄的文法限制與其仍然保有的情緒強度之間，可能有反身關係。也許箇中有個「我多樣化，故我失去惡毒性」的原則在默默運作。

再一次，我們可以用**幹**來說明這一點。當字詞跳入其他類別，變得愈來愈普遍，從「禁忌」範疇變成「俚語」範疇的時候，某種漂白過程似乎也隨之發生。由於這些字詞過度曝光，我們變得習慣了，不再出現震驚又驚恐的反應。畢竟，如果某個字到處都聽得到，各種情況都用得上，就不太可能再造成震驚，即使聽的人是稱職咒罵者向來知道在其面

格蘭北部使用得極為普遍，尤其是在約克郡，幾乎已可跟**幹他媽的**（fucking）互換替代。

前要收斂、不能口無遮攔的對象——老祖母、老處女姑姑阿姨、小學校長等等。

日前我聽到一個十六歲女孩跟同齡朋友講電話。我記下我能聽到的這一方所說的話，然後詢問該女孩，重建起另一方的談話內容。

該段對話如下。「B」是我能聽到的部分：

1A：妳有沒有聽說，十八號星期六那天羅德甩了琴咪？
2B：幹！不會吧。真的嗎？
3A：對啊，我是這麼聽說的。
4B：我的天哪。幹！誰告訴妳的？
5A：辛希雅。她當時在場。
6B：幹！真有夠爛的！幹！
7A：對啊，琴咪真的很難過。
8B：幹，對啊！誰不會啊！
9A：對啊。
10B：我的天哪。我的天哪。幹。真糟糕。

對 B 而言，**幹**發揮了幾種功能。它是驚嘆號，讓她表達驚訝；也有填補空檔的功能——製造暫停，給她時間說出接下來的話，而不會錯失輪到她的發言機會。出現的次數之頻繁（且意思等同「我的天哪」）使它變成一種標點，表示對話的這回合輪到她了。在第六回合，這個字既標示開始也標

示結束。顯然對這些女孩而言，**幹**的原始意義及禁忌早就蕩然無存，現在它只是用來標示團體成員，讓她們加強自己歸屬於青少女此一族群的感覺。

然而屄仍保留了原先使人震驚又驚恐的能力。有個好方法可以測試這一點，就是看媒體如何處理某個字。大部分平面媒體仍不肯印出屄字，改用相當富有古趣的星號替代法（c***）。相信很多人會記得，當初**幹**字也是這樣處理的。

口語脈絡的形式則是「c開頭的字」，而這方式本身就頗異常。c當然代表屄（cunt），但它唸做「see」，跟silly（傻氣）的s一樣發軟音，而cunt的c則是發硬音，跟cat（貓）、car（車）、crazy（瘋狂）、cunnilingus（口交[8]）的c發音相同。這種混淆使此一代稱多了點詭異的味道。如今「c開頭的字」一詞有時被刻意用來指別的意思，同時又利用到原先意義的互文性（intertexuality）。比方《雪梨晨報》（*The Sydney Morning Herald*）之《明鏡》（*Spectrum*）的一份特別報導就被稱為「那個C開頭的字」，不過這裡c代表的是「競爭」（competition），將其標示為「姊妹情誼的最後一項障礙」[13]。

長久以來女性都注意到，這個「她們的字」最常被男性使用，且大部分用在全是男性的場合。而這一點也更增女性偶爾說出此字時的挑釁力量。在這種時候，人們會意識到這

---

8 特指男對女。女對男之口交則稱為fellatio。

[13]《雪梨晨報》之《明鏡》，2003年9月6-7日。

是一個外來詞，直接取自僅限男性使用的論述，彷彿它來自超出女性化的範圍，因此打破了另一個禁忌。

　　偶有證據顯示，女性試著重奪這個她們的字的使用權。在這種時候，此字不是用來表達憤怒或者辱罵，而是用做外延的描述性意義，刻意去除它內包的情緒性意義。在此屄帶有某種神秘意味，是最精華的女性空間，不需要解釋、辯護、找理由，甚或為了那些把女性等同於不理性的人而加以「理性化」。

　　若女性可以重奪此字做為「女人語」的一部分，就能顛覆男性加諸此字的惡毒意味。有些女性主義者主張，「要改變該字含有的某些錯誤貶抑的訊息，就要改變它的用法……拆除它的引信，如此一來便能顛覆將莫須有或不必要的負面意義加諸字詞的文化。」[14]

　　屄的外延用法是更廣泛的解放 —— 語言學策略的一部分，讓「某某歧視行為」（性別歧視、種族歧視、帝國主義歧視等等）的傳統目標，以大量運用壓迫者的語言的方式來抵銷該種語言的力量。比方「酷兒」（queer）一詞本來具有恐同（homophobic）含意，現已被男女同性戀者採用，如今很多人描述自己的性別認同時偏好以這個字取代「同志」（gay）（但我在此並非表示「同志」和「酷兒」二詞可以互換使用）。在電影《震撼教育》（*Training Day*）中，黑人演

---

[14] Saunders, http://www.shoal.net.au/~sandral/WIF6.html.

員丹佐・華盛頓（Denzel Washington）的角色將「黑鬼」（nigger）一詞據為己有，用來辱罵（「我的黑鬼」）一名交給他訓練一天的白人菜鳥警察。這種辱罵方向的反轉顯示權力的反轉，正是此一解放策略的有力例子。

有些女性積極使用屄，希望能改變用法與態度，尤其為了讓女孩成長過程中不至於「相信自己身上有個噁心的東西，也不要讓男孩……相信自己由之出生的部位是全世界最難聽的罵人話」[15]。例如潔曼・葛瑞爾從一九七〇年代起就常說寫此字；她在《女太監》（*The Female Eunuch*）一書中痛批人們將插入做為性交的定義（戴爾・史班德［Dale Spender］曾說過一句名言，如果你一心只專注於後面的事，那麼「前戲」就只是前戲而已），之後在《完整的女人》（*The Whole Woman*）中又批判醫學父權以戳探方式壓迫被建構為被動的病人。葛瑞爾視身體為「女人奮戰爭取解放的戰場」，而一部分的解放來自去除由於生殖器位於隱蔽內部而造成的神秘感（也就是「無知」）[16]。

打贏這場戰役的方式是使用這個字的外延意義，久而久之便能消除它的內包訊息。她勸我們「去喜歡這個字。這是個好字……不必用來描述妳不喜歡的人、妳討厭的工作、發不動的車……高興地用它，別羞恥地用它。」[17] 然而有些

---

[15] Saunders, http://www.shoal.net.au/~sandral/WIF6.html.

[16] Greer, 1999:106.

女性似乎不需要用政治手段改造此字。有位芬蘭女性對芬蘭語的屄是這麼說的：

> vittu 是……一個古老的字，在芬蘭民俗傳說中耳熟能詳，（也是）我們最狠毒的一個咒罵詞。年輕人特別愛用，像標點符號一樣穿插在言談中，讓年紀較大的人聽得非常刺耳。跟父母講話時若不小心冒出一句vittu，簡直就像嘴巴裡跳出青蛙，是情節嚴重的錯誤。這字已發展出許多衍生詞，包括表示「覺得很煩」的動詞，以及表示「不友善」的形容限定詞，還有無數生動的片語。其中最有詩意的八成就是表示驚嘆的 vittujen kevät!（「眾屄之泉！」）[18]

這位作家接著又說，以「去vittu裡滑雪」來罵人「是芬蘭特產。連挪威都沒這種說法」。夠不一樣了吧。

然而，如今仍然未到女性廣泛使用屄做為反性別歧視運動之一部分的地步。此字仍然是個極端的咒罵詞，代表邪惡、不公、不光明正大、極為低劣之意。我們仍然不太能醒悟：男人用來表示陰道的字詞絕大多數都很惡劣（朋友跟我分享過一個罕見的親暱用語，叫「朝鮮薊」，另有「耶路撒

---

[17] Saunders, http://www.shoal.net.au/~sandral/WIF6.html.

[18] Malmberg, http://www.kaapeli.fi/flf/malmber.htm.

冷朝鮮薊」，指的是猶太女性的陰道）。此外，「女性依然缺乏詞彙來形容自己的身體部位，依然因為屄的言外之意而卻步」[19]，也是令人憂慮的。

真正有趣的問題在於，一個表示女性生殖器的字為何具有如此力量。一種傳統論點認為，女性生殖器由於「隱蔽」，因此有狡猾（cunning，與cunt相關？）及不光明正大的內包含意；由此，就很容易變成「壞」，而後是「邪惡」的意思。畢竟，傳說中是夏娃引誘亞當吃禁果的。

這種說法儘管合邏輯，但似乎倒果為因，為一個極具象徵意義的東西尋找字面上的解釋。畢竟，如果重點僅在於「看不見」，那麼中耳也是隱蔽的部位，但再怎麼遭到萬般挑釁，也很少有人會用它來罵人吧。

隱蔽的這個概念，也指出男性對女性的畏懼。箇中意味在於，從中古世紀一直到十九世紀──也許其後亦然──男性一直畏懼女性性徵的未知特性，尤其是她可以在受孕一事上欺瞞男性的這一點。屄是欺騙和背叛行為發生的地方，此外，當然，與這種畏懼密切相關的，還有男人對於被婚姻困住的畏懼，以及對於女人不貞可能造成他損失財產（也就是他妻子！）的畏懼。把這些加在一起，就足以讓男性的自我感到備受威脅，必須嘲弄詆毀女性的最基本特質。

你認為這太牽強了？另一個更簡單、也許更說得通的解

---

[19] McConville & Shearlaw, 1984:23.

釋，可以在父權社會的權力中心找到。既然權力中心操在男人手裡，也既然他們有能力將外包指稱最私密女性部位的字用做最難聽的辱罵詞，因此他們便這麼做了。

就像那個老笑話：公狗為什麼舔自己的卵蛋？因為牠舔得到。

野性難馴

他媽的這麼多水是哪兒來的？
　　　——鐵達尼號船長艾德華・約翰・史密斯

　　堪稱四字詞代表的**幹**有著很有趣的歷史，其中大部分，包括其語源，仍充滿門外漢猜測。儘管它是個重要的咒罵詞，來源卻不明，造成眾多臆測與迷思。

　　要解開它語源的謎團並不容易，因為，就如我們討論**屄**時所談到的，禁忌字眼的證據多被埋沒或壓抑——字本身被壓抑，相關的資訊亦然。辭典編纂者都不太願意收錄及討論**幹**。因此關於此字的來源有許多理論，也就不足為奇。

　　此字最可能的來源在於英文的歐陸親戚——拉丁文的futuere（或pungere或battuere）、法文的foûtre、德文的ficken。這些字都有兩種脈絡意義：第一種涉及肢體暴力（打、搗、敲或擊），第二種則指進行性活動，或者換個我在《X檔案》（*The X Files*）裡聽過的說法，叫做「做那檔野性難馴的事」。修斯說：「（儘管）有些人或許會覺得擊打、鑽鑿和

做愛是相當不同的事⋯⋯但這些顯然有深層的隱喻意義。」[1]

一些討論咒罵的作家，包括蒙特古，認為**幹**的組成混合了拉丁文（「fu」）和德文（「ck」），「結合前者的元音和後者的輔音」[2]。說得漂亮，但是否正確？杜林說**幹**跟一個分佈廣泛的日爾曼語系字形有關（中古荷蘭文的fokken、挪威語的fukka、瑞士語的focka），那些字都有打擊、戳刺、推進之類的意思[3]。

如果語源可以靠個人偏好來決定，我們或許可以為對許多性禁忌字眼另有暴力**意涵**感到不自在的人提供比較吸引人的不同解釋。他們或許會比較樂意接受梵文的ukshan（「公牛」）或粵語的fook（「福」）。

關於**幹**的「根」源（抱歉），似是而非的門外漢迷思所在多有。其中很普遍的一個看法是，**幹**跟其他大多數四字詞都源自盎格魯薩克遜語[4]。這是個容易但錯誤的斷定。修斯指出，源於盎格魯薩克遜語的字僅限於屎、**糞**（turd）、**屁股**以及或許**屁**，顯示出特別強調屎溺[1]的傾向，而**尿**則來自諾曼地法語。至於**幹**、大便（crap）、**玻璃**（bum）、尻和**蠢**

---

[1] Hughes, 1998:27.

[2] Montagu, 2001:307.

[3] Dooling, 1996:32.

[4] Goffman, 1981:114. 另見Hughes, 1998:35.

1 原文scatological來自scatology一字，本指「糞石學」，在本書中則指與排泄物相關之意。姑借莊子「道在屎溺間」一語譯為「屎溺」。

蛋（twat），則屬於「來源不明」類。

　　將下流字詞等同於盎格魯薩克遜，這種錯誤觀念連許多受過高等教育的圈子都流傳甚廣。1933年，藍燈書屋因出版詹姆斯・喬伊斯（James Joyce）的《尤里西斯》（*Ulysses*）而遭美國檢方控告妨害風化，在此一著名案件中，伍爾西法官（Judge Woolsey）認為所謂的「髒」字其實是耳熟能詳的「古老薩克遜字詞」。1959年，做出有利於《查泰萊夫人的情人》判決的美國法官，也提到「盎格魯薩克遜的四字詞」。爾文・高夫曼《談話的形式》（*Forms of Talk*）一書提到「指稱生理功能的盎格魯薩克遜字詞」，更加強了這種迷思的可信度。

　　另一套理論認為**幹**是縮寫，「代表不合法的肉體知識」（for unlawful carnal knowledge），可能來自警方用語。唔，警方講什麼都有代碼。在電視節目裡，他們總是從警車無線電接收到各式訊息──「有搶案正在進行」、「有員警受傷」──但每個訊息都自有一個**數字**代碼。我的重點就在這裡。這些代碼通常是數字而非字母縮寫，因此**幹**之為警方用語的可能性相當低。但這套理論有不只一個版本。

　　羅傑斯（Rodgers）認為，十九世紀初的海軍艦長習慣在航海日誌裡縮寫「代表不合法的肉體知識」[5]。多年前，有個比我大一點的青少年告訴過我另一個版本，其要義大致為：在中古世紀，偷嘗禁果的女孩一旦事發，就會被處以遊

---

[5] Rodgers，引用於McConville & Shearlaw, 1984:82。

街示眾的公開懲罰，而城裡的大聲公[2]則會敲響大鐘，慢慢清晰喊出F.U.C.K，圍觀的每個人都了解這指的是「被發現處於肉體知識之下」（found under carnal knowledge）。我不記得自己曾經質疑「之下」這個介詞的奇怪用法，或者想知道為什麼只有女孩要受這種待遇，她們的性伴侶則否。但當時我年紀還輕，而這個訊息是以那種噤聲悄悄話的語氣傳達，讓人不太能進一步尋求解釋。

一個更早、更有名、但不見得更說得通的理論，來自大疫[3]期間頒佈的一道王室敕令，認為這四個字母代表「奉國王之令交媾」（Fornicate under Command of the King）。修斯對此理論不以為然，質問「生殖繁衍何以會變成欽定命令的行為，又為何用如此難解的方式發佈」[6]。他接著猜想，「查理二世比較可能說出類似李爾王那句兇狠的命令：『儘管去幹那一套勾當吧！』[4]」。

無論如何，**幹**的語源仍無定論，這都是拜數世紀以來的「文字蓋世太保」所賜[7]，他們把此字剔除在辭典外，有效

---

2 town crier，昔日專門負責在市鎮街頭宣讀公告的人。

3 Great Plague，指1664年末至1666年流行於倫敦的瘟疫，全市四十六萬人中有七萬五千人死亡。

[6] Hughes, 1998:24.

4 《李爾王》第4幕第6景。此處引文出自方平所譯之新莎士比亞全集29，頁166（木馬：台北，2001）。

[7] 這是杜林發明的詞，1996:32。

地讓我們沒有條列引文可供研究，無法更有系統地徹底追溯此字的歷史。

幹雖受歡迎，但並非四字詞的唯一上選。研究者暱稱的「六大」究竟是哪六個字詞，各家權威說法不一，但通常包括**幹、屄、老二**（cock，或者也可說**屌**）、**屁股、屎**和**尿**。這些都是單音節[5]的四字詞，都——如我們先前談過的——被誤以為源自盎格魯薩克遜語，也都——至少名義上——跟下半身的生理功能有關：前三者涉及性，後三者涉及屎溺。

若說眾人一般同意**屄**是負面意義最強的字，**幹**則無疑是最多產的。根據佛列瑟納（Stuart Berg Flexner）的說法，幹從一八○○年代末開始被廣泛用做情緒字眼[8]。但**幹**真正飛黃騰達，則是解放運動盛行的一九六○年代之後。彷彿為了搶搭這班便車，服飾品牌FCUK（Stuart Berg French Connection United Kingdom）大搖大擺利用該公司看似巧合的縮寫字母，將「他們的字」大肆炫耀在產品上，助長了普遍化的麻醉效果。稍後我們討論人們如何軟化咒罵詞時，會再談到這一點。

然而，早在一九六○年代之前，**幹**便已牢牢抓住了人們的注意力。有些人把它的廣為流傳歸因於軍隊。若說法國大

---

5 當然是指英文的情況。

[8] 此段資料來自佛列瑟納所著之 *I Hear America Talking*（該書其實也大可叫做 *I Hear America Cursing*），引用於 Jay, 1992:74。

革命的理想是藉由拿破崙軍隊的刺刀傳播，那麼我們或許可以說，全世界對**幹**的偏好則是由美國海軍陸戰隊在二次世界大戰的戰場上傳播，最起碼的一個例子便是諾曼·梅勒（Norman Mailer）的《裸者與死者》（*The Naked and the Dead*）。蒙特古寫道，對處境險惡、離鄉背井的美國大兵而言，「有這麼個情緒字眼可用是一種無可比擬的福氣，尤其是除此之外他幾乎一無所有。」[9] 若說海軍陸戰隊員開啟了這股風潮，推波助瀾的則是好萊塢以及日後的網際網路。

軍隊與咒罵關係密切，此一現象絕非僅限於盎格魯語系。《不知名的士兵》（*The Unknown Soldier*）一書於1954年初次在芬蘭出版，造成群情譁然，芬蘭作家伊卡·瑪爾堡（Ilkka Malmberg）對此事的評論是：

> 此書的自然主義激怒了一個正從戰爭中逐漸復原的國家。這本書最惹麻煩的面向之一是士兵們用語不雅。他們隨口詛咒，造成群情譁然。我們的英雄才不會咒罵！他們當然都會咒罵，在他們的壕溝和散兵坑裡[10]。

事實上，**幹**已變得如此廣為使用，以致如今，至少它的形容詞形態（**幹他媽的**[fucking]）已經不太算是咒罵詞，而

---

[9] Montagu, 2001:314.

[10] Malmberg, http://www.kaapeli.fi/flf/malmber.htm.

是「一種標示，說明接下來那個名詞的性質與色彩」[11]。衛蘭·楊在《遭阻的情慾》（*Eros Denied*）一書中說明這一點，引用了以下這段據說出自澳洲的話[12]：

> 一天早上，天氣幹他媽的好，幹他媽的陽光普照，我走在一條幹他媽的鄉間小路，遇見一個幹他媽的女孩。她真是幹他媽的可愛，所以我們幹他媽的聊起來，我跟她來到一片幹他媽的原野，翻過一道幹他媽的圍欄，然後我們性交。

你幾乎想同情那個活潑的小伙子：及至要描述或表示性行為本身時，他竟找不到一個適合的字詞，能配合整段話的語域和情境。

這個老笑話也傳達了相同的意思：

> 一個男人剛聽說他最好的朋友跟他太太有染。那晚他在酒館喝得大醉，說：「我幹他媽的要殺了那個幹他媽的傢伙。幹他媽的王八蛋怎麼敢跟我幹他媽的老婆性交？」

前文已經提過，在若干現代辭典中翻查**幹**，都能找到它

---

[11] Montagu, 2001:314.

[12] 衛蘭·楊所舉的生動例子引用於 Montagu,2001:314-15。

的各式精采用法。隨手舉幾個例子：《柯林斯辭典》、《錢伯斯》（Chambers）、《牛津》、《麥克瑞》、《新世紀經典美語大辭典》（American Heritage Dictionary of the English Language）等，都列出了此字的多種形式。然而在如此眾多羅列的項目中，你感覺不出此字過去幾百年來多采多姿、有時變化多端的歷史。這歷史的一點餘緒或許還能在微軟「拼字檢查」的語言審查功能中找到。當我拼錯fucking時，該軟體給我的選項如下：tucking（塞）、ducking（躲）、bucking（撞）、funking（畏縮）、tuckering（打褶）、fluking（僥倖成功）。沒有fucking。

發現微軟可能藉此進行某種社會工程，我興奮之餘故意拼錯屄（cunt），果不其然，它列出的其他選項是cone（松果）、cane（手杖）、cave（洞穴）、cue（撞球桿）和cube（立方體）。然後我忍不住又拿尿（piss）、屎（shit）和屁（fart）來測試這個假設，結果分別是：

pies（派）、pips（籽）、psi（Ψ，希臘文第二十三個字母）、pins（別針）和pish（呸）（順帶一提，最後這個字是意第緒語的尿）；

shott（北非的淺鹽湖）、shift（轉移）、shirt（襯衫）、shot（射）和shut（關閉）；

forte（強項）、fate（命運）、fare（費用）和farce（鬧劇）。

經過這連番研究，我不禁納悶——比爾‧蓋茲（Bill Gates）是不是在拿肥皂洗全世界講英文的人的嘴？（詭異的是，蓋茲校長的「拼字檢查」並不會把「十二髒肖」的任何一個標示為拼字錯誤，所以它們也是他字彙的一部分——只不過當你不小心或刻意拼錯這些字時，軟體不會提供你正確拼法而已。）

時光倒流五百年，我們發現**幹**這個動詞和名詞，以及**幹他媽的**這個形容詞，高高興興、百無禁忌地四處現身在蘇格蘭的詩句和民謠中。例如亞歷山大‧史考特（Alexander Scott）就寫了這首毫不顧忌的色瞇瞇的詩[13]：

> 再會吧貞潔
> 當姑娘們降服於愛撫
> 她們那些小伙子用三招
> 玩鬧中對她們這麼著：
> 又抱又摸又扯
> 第四樣呢老實說？
> 就是要逗得她們幹一場

蒙特古半開玩笑地猜測，也許是蘇格蘭人的勤儉天性使

---

[13] Montagu (2001:308)引用這段口無遮攔的文字，做為蘇格蘭人天生勤儉節省、就連咒罵亦然的例子。

他們選擇了簡短的**幹**，而不用其他比較不那麼經濟的委婉語。

　　如今很難確定當初發生過什麼事，但總之到了1575年，**幹**差不多已在印刷品上絕跡。**幹**與印刷媒體的關係固然有趣，但我認為更妙的是此字與早期及後來的辭典編纂者之間相當痛苦緊張的關係史。

　　首度收錄**幹**的，是約翰‧弗羅里歐（John Florio）的義英辭典《字詞世界》（*A Worlde of Wordes*, 1598），將其列為等同於義大利文fottore的五個字之一。在此我不打算猜測，義大利的男性雄風是否跟此字這麼早出現有關。然而，之後過了將近一百年，這個字才依照正常字母順序出現在英文辭典裡——史蒂芬‧史金納（Stephen Skinner）的《英語語源》（*Etymologicon Linguae Anglicanae*, 1671）。如此看來情況似乎開始改善，但1755年約翰生（Samuel Johnson）又開了倒車，他編纂的《英語辭典》（*Dictionary of the English Language*）略過這個字。據說有位女士恭賀他避而不收錄不雅字詞，而他回答：「這麼說來，那些字妳都查過囉，女士？」光憑這句妙答，我們或許就可以原諒約翰生博士的假道學做法。

　　五年後，馬強（Marchant）與高登（Gordon）編纂書名奇怪的《全新完整英文辭典》（*A New Complete English Dictionary*），也依循約翰生的前例，「特別小心排除意義涉及任何不妥、或至少傾向於腐化年輕人頭腦的字詞。」[14]

1775年，約翰・艾許（John Ash）選擇將**幹**收錄在他的《完整新辭典》（*A New and Complete Dictionary*）中，列出此字的數種定義，並將其描述為「低級」、「粗鄙」用語。

1785年，姓名合適得出奇的法蘭西斯・格羅斯（Francis Grose）[6] 編寫《標準粗口辭典》（*Classical Dictionary of the Vulgar Tongue*），其中收錄了**幹**，但拼成「f**k」。日後許多辭典編纂者也有樣學樣，用這套逃避策略來兩全其美——一方面收錄這個字，另一方面卻又讓人看了唸不出來，或者使發音變得與原先單音節的簡短爆發相去遙遠，由此清除這個字的禁忌成分。世上要是沒有星號，審查者豈不頓失所依？

1936年，艾瑞克・帕崔里吉出版《英文俚語與非傳統用詞辭典》（*Dictionary of Slang and Unconventional English*）時，終於克服了他所謂「本能的嫌惡」，將**幹**收錄列為「f*ck」[15]。這樣的做法沒有逃過法眼：許多人向警方、學校及圖書館投訴，於是一直到一九六〇年代末之前，這本參考書都被鎖得牢牢的，要特別申請才能閱覽。這是不是如今青少女雜誌中有時會出現的封住書頁的早期前身？如果這做法算是進步，進步在於此字獲准只夾一個星號出現。仍然無法發音，但慢慢接近了。

---

[14] Montagu, 2001:304.

　[6] 此人姓名原文為Francis Grose，字形接近frank（坦白）與gross（粗俗、噁心）。

[15] Partridge引用於Montagu, 2001:306。

相對的，1884到1928年間出版的《牛津英文辭典》都不肯與粗話沾上半點邊，不管有沒有星號。1933年出版的《增訂版》（*Supplement*）仍然有此禁忌。就我了解，牛津出版社於一九七○年代初解除這項禁令，不過1988年的《牛津英語語源辭典》（*Oxford Etymological Dictionary of the English Language*）仍未收錄此字。

韋布斯特（Webster）拒絕收錄**幹**，不過其他四字詞倒不受影響。1962年版的《韋氏國際新辭典》（*Webster's New International Dictionary*）仍未收錄此字，出版社所持的理由是務實的，而非就辭典編纂甚或道德意義來考量：若收錄這種字，一定會招致輿論強烈反對，他們怕因此影響銷售。這樣的生意算盤一直是影響社方決策的主要力量。

藍燈書屋的《英語辭典》（1966）省略了所有所謂的四字詞，儘管前言中宣稱該社一心要「精確記錄」任何人看到或讀到的語言。不過我們不能怪那位煩惱的可憐編者，他確實盡了力。決定省略那些字之前，他與一群編輯和銷售經理開會。大家都同意壞字詞也是字詞，應該收錄，但編者注意到與會的人都無法真的說出那些壞字詞，而且只要一提到任何所謂的壞字詞，大家就「顧左右言他，尷尬萬分」。他顯然基於這些態度做出結論，認為大眾還沒做好心理準備，無法接受絕對精確的語言紀錄。

由於**幹**和**屎**都躋身於英文最常用的三千字之列，上述這些禁令就顯得十分奇妙 [16]。值得注意的是，辭典編纂學的

發展——尤其是使用電腦化的資料來編辭典——造成了髒話政策的重大改變。如今編者可以相當準確地判定字詞的使用頻率，因此定義也隨之改變，強調的是當下用法而非歷史。此番轉變包括了「現在」因素以及口語因素——兩者都比歷史及書面因素優先。

我們可以用王八蛋（bastard）一詞在短短十三年間的經歷，來說明這種從書面／歷史轉向口語／當代的轉變。1982年，《牛津簡明辭典》（*Concise Oxford Dictionary*）將王八蛋的主要詞義訂為「非婚生子女」。1995年，《朗文當代英文辭典》（*Longman Dictionary of Contemporary English*）列出了四個詞義：第一個詞義標示為「俚語」，「用來罵你所討厭的人，尤其是男性」；第二個標示為「口語」，是「侮辱或開玩笑的說法，用以稱呼男性」；第三個標示為「英式用法」，代表「造成困難或問題的事物」；第四個標示為「舊式用法」，指「出生時其父母並未成婚的人」。

電腦化的資料及字詞使用頻率數據，帶來一個兩難問題。我們是否應該將這種近年來才有的資料，視為顯示大家對語言的態度日漸寬鬆？畢竟，在同樣的這段時間裡，泳裝都已從上及脖子、下及腳踝變成連身，再變成比基尼，再變成上空，再變成什麼都不穿——寬鬆的語言態度，是否只反映性愛道德觀的改變？另一種看法是，這些資料只不過為辭

---

[16] Hughes, 1998:271.

典編纂者提供統計數據，使他們能正式證明若干關於語言的大致變化傾向，這些傾向原先便已存在，但一直無法加以記錄，因為受限於早年人們對合宜有禮行為的觀點[17]。

電腦化資料的採樣範圍非常廣泛，因此辭典編者及出版社無法再像過去那樣大肆宣稱，「不合宜」的字詞只是社會最低階層的產物。例如1887年的《牛津英文辭典》便將**天殺的**（bloody）列為「低劣用字」，為正派人士所不取。大約同時，法莫（J. S. Farmer）與亨利（W. E. Henley）在長達七卷的研究著作《俚語及其同源字詞》（*Slang and Its Analogues*）中，嘆息**天殺的**「一再發自倫敦粗人的口中」，「頻繁得令人生厭」[18]，並表示無法給這個詞做出任何定義，就連「粗魯的定義」亦然7。

時至今日，充斥於辭典定義、描述誰對誰說什麼的那種大搖大擺的菁英主義已不復見。這並不表示我們對別人說話的方式──其中許多都有階級因素──不再抱持偏見。彼得・楚吉爾（Peter Trudgill）很早便說過，如果你不喜歡某人的口音，八成是因為你不喜歡那人的價值觀[19]；他認為

---

[17] Hughes, 1998:271.

[18] Farmer & Henley，《俚語及其同源字詞》，共七卷（1989［譯按：原書即如此］-1904），引用於Hughes, 1998:271。

7 此處「粗魯的」一詞原文為sanguinary，該字亦有「血液的」之意，恰好與bloody一字的另一義「血腥的」相互呼應。

[19] Trudgill, 1975:29.

語言偏見絕對與階級歧視密不可分。語言與身分認同密切相關，階級、性別、種族及年齡都是主要的社會語言變數，會對語言產生影響。這點仍未改變──只是我們表達偏見的方式受到了政治正確運動的影響。

儘管大部分現代辭典差不多都已收錄了**幹**（我說「大部分」，因為《韋氏》在「fuchsia」[紫紅色]和「fuddle」[狂飲]中間仍缺了一個字），但對它的標示則各大異其趣，多得令人目不暇給：「禁忌」、「口語」、「俚語」、「非正式」、「粗俗」只是其中幾個例子。我最喜歡的是《錢伯斯》，它似乎想把所有定義一網打盡，將**幹**描述為：「字源古老，長久禁忌，用途極廣，仍為粗話。」

對於要不要在書中收錄不合宜的字詞，辭典編纂者煞費思量，而這些各式各樣的「標示」可能是這段多采多姿歷史僅存的唯一線索，就像人類的尾骨沒有什麼用處，但顯然是我們演化過程的線索。需要把震驚與驚恐因素列入考量的年代顯然已經過去了。

杜林俏皮地寫道，此字應該附加以下警告：

警告！此字通常被視為猥褻。切勿在家中嘗試使用**幹**……切勿移除此一標示！有造成震驚的危險[8]！除非持

8　原文 risk of shock 通常為警告有遭到電擊的危險，但 shock 亦有震驚之意，因此在這裡是一語雙關。

有語言學技師證照，切勿打開或自行嘗試維修此一字組
……若使用此字長達四十八小時，請盡速就醫[20]！

有些人會打電話給辭典出版社，要求下一版不收錄「癌
症」這個詞；同樣的，人們對**幹**出現在辭典正式崇高的書頁
上的態度顯示了一項古老禁忌的殘餘力量。但這禁忌還能持
續多久？或許我們可以預測它的力量已經日薄西山，很重要
一個原因在於它隨時隨地被使用，不僅沒什麼人去注意它的
指涉詞義，連它的情緒性力道都已快要竭盡。

羅伯・德賽（Robert Dessaix）表示：「也許大眾品味
的臉已經被摑得麻木了。」[21] 諸如「幹他媽的那個幹他媽
的傢伙就是幹他媽的不肯幹」這種例子，給我的感覺是如今
需要四個相當疲乏的**幹**，才能達成某段時日之前一個精神抖
擻、大膽輕佻的**幹**所可能達到效果的幾分之幾而已。

然而，先別急著眼淚汪汪，我們得承認**幹**這一場的紀錄
相當輝煌。無論如何，它的力量只存在於其所蘊含的禁忌，
而那禁忌已經每況愈下。也許它正再度改頭換面，改變運作
方式。假以時日，**幹**八成會被其他更直接有力的字詞取代。

結果？愈來愈幹不動的**幹**。

---

[20] Dooling, 1996:26.

[21] Robert Dessaix 於 Radio National 的 *Lingua Franca*, "Swearing": http://www.abc.
net.au/rn/arts/ling/stories/s1154069.htm.

屎有所聞

骯髒事「屎」有所聞。這點我們都知道，但是，老實說吧，我們都寧可不去想它，而這也其來有自。有些生理功能是不好在正經場合講的：這些話題引發的反應包括「冒犯」、「令人作嘔」，以及「噁心」。屎是一種最好避免的東西，萬一無從避免，也要謹慎周到地加以掩飾。

然而小小孩——祝福他們——對於會讓大人臉色發白的東西都著迷不已。我去過波士頓兒童博物館，那裡其實應該叫做「波士頓無論年齡大小都滿懷好奇者博物館」，當時我兒子大約六歲。我們在那裡待了一整個下午，遲早需要去上洗手間，結果那個地方——也就是一號——跟博物館裡其他地方一樣富有教育意義：牆上掛了一張圖表，以3D立體方式展示許多不同動物的糞便。

每一坨假糞便（或說「便便」）——我心想，不知這些

東西跟日本餐廳外的食物模型是否使用相同的製作材料——都附有說明，描述這是，比方說，松鼠便便或者水獺便便。圖表掛的位置正適合坐在馬桶上的小孩一邊看得津津有味，一邊，呃，忙著進行生理功能。可以說，如此安排為這兩種活動創造出美好的一致性。我記得當時心想，這種討論便便的方式由於是針對兒童，因此得以跳出傳統禁忌，使用不負面、不貶抑的語言。事實上，沒有了禁忌的重擔，好奇心便得到了滋養及助長。

日前有人向我提及另一份圖表，用在病人人多上了年紀的醫院[1]。圖表上同樣列出糞便，但這次是人類糞便，而且只有平面圖畫。這份圖表的用途是讓病人「描述」自己的排便情況——這恐怕是年長者比較常需要做的事——而不必真得自己尋找字詞來形容，只需伸手指出最近似的一張圖即可。有點像選擇題。據說大部分人對此圖表都反應良好，除了胃腸科醫師，他們說它「噁心」。

是的，骯髒事屎有所聞，但要談它很難，因為，等你年紀大到會生病住進醫院、面對這樣的圖表時，你已經完全社會化接受該項禁忌，幾乎不可能泰然自若討論自己的生理功能。必須討論這個話題，描述它的顏色、形狀、軟硬等等，可能根本難以啟齒。當然，醫生護士已經發展出一套委婉的臨床詞彙，以方便這類交談（「排糞」、「解便」、「生理廢

---

[1] Alan Stennett 與筆者的私人通訊，2003 年 10 月。

物」、「排尿」、「排氣」），也建立起一套副語言（para-linguistic）的舉止——不顯露出震驚或噁心的高超能力——幫助他們進行對話。

為人父母者處理這種話題的典型方式是改採兒語，用幼稚詞語包裹噁心的東西，認為由此可去除令人噁心的因素。傑玩笑舉出的例子便觸及這一點[2]：

祖母：「喵咪在貓砂盆裡便便了。」
四歲小孩：「奶奶，妳是指糞便，是不是？」

希臘文的屎（skat）給了英文「scatology」（糞石學）這個字。希臘文用不同的字表示人類和動物的排泄物（後者等於英文的「dung」），skat指的是人糞。許多語言——包括拉丁文、英文、日文、義大利文等——都有這種分別。英文「scatology」一字是人類排泄過程與產品的正式名稱。乍看之下，似乎不需要有這樣一個字存在，我是說，它一定不包含在你最常用的兩千個字裡吧？但若思及對排泄物抱持職業興趣的人不在少數，這術語的需要就比較明顯了。

病理學家——包括一般病理學家以及刑事鑑定病理學家——為了診斷需要，常得檢視排泄物，醫學研究者亦然。古生物學家最愛糞便化石，因為它們能打開（抱歉）通往過去

[2] Jay (1999).

的窗。精神分析學家總是反覆談及基本生理功能（記得佛洛伊德的「肛門期」吧？），也指出各種因排泄與性有所重疊而產生的變態（perversion）。且讓我們想想伍迪・艾倫（Woody Allen）的一部電影，片中女主角的男友將她赤裸綁在床上，然後在她肚子上排便。顯然這是虐待關係的隱喻（這一點是別人指出告訴我的），但無論如何，這影像造成深刻印象，在電影結束之後久久不散。

育兒工作者對排便知之甚詳，因為五歲以下的小孩很容易發生這類小小意外，也因為這個年齡層的禁忌語言多與屎溺有關（這一點並非偶然）。至於人生階段的另一頭，我們先前也已談到，基本生理功能再度佔據了中心位置（這次是不受歡迎的）。

我們也別忘了園藝學家，他們對動物排泄物自有其特殊觀點，對氮的循環抱持一份核心尊敬，植物的新生命便是由此而來。因此他們使用另一個不同的詞（「堆肥」），不像「排泄物」或「糞便」有負面聯想。「堆肥」（manure）是個愉快得多的詞，既是名詞（指該物質本身），也是動詞（將該物質散佈在土地上）。（這個字來自拉丁文的manus，「手」，因為傳統上堆肥是用手施加。）

最後，語言學家也對它有興趣，為了研究一種叫做「厭惡語意學」的東西，指的是一般用來表示厭惡此一心理狀態的語言 [3]。順帶一提，厭惡是拒斥的一種形式（顯然此外還有很多種），原因在於該物體來自或曾到過的地方 [4]。由於

相關禁忌使然，厭惡物品如排泄物和嘔吐物被排除在正常對話之外，所以我們有如此眾多的委婉語（比方說，「腸胃不適」可能會使我們「去上洗手間」）幫助我們度過禁忌話題偶爾不小心浮上檯面的、令人毛骨悚然的時刻。

當然，咒罵者的態度就不同了。他們從反方向取用厭惡物品的屎溺詞語，尤其是跟屎相關的。他們要的是能傳達當下情緒的惡俗詞──通常表示憤怒、挫折、驚訝或失望。說出屎這個字就等於跺腳──當你沒趕上公車，當你看到一張違規停車罰單夾在擋風玻璃上，當你在慢車道上、被一個天殺的富豪（Volvo）駕駛擋住。

屎方便，表達力強，單音節說起來又快又簡單，也不會過於冒犯別人。它用途多端，可以用在表示團結的情境或社交場合。然而後者確實需要加以調整，因此有時會出現「sh...ivers」、「sh...ugar」，或較美式的「sh...oot」等替代用語1。南非人常說「shame」來表示對不幸之事的同情，不管那樁不幸多麼微不足道。我有個直覺，如果徹底做一番語源學及實際應用的研究，會發現他們的「shame」可能原先正是加以轉向並適當調整過的屎。

---

[3] Jay, 1999:200.

[4] Rozin & Fallon (1987)，引用於 Jay, 1999:199.

1 這些字開頭的發音都跟shit相同，然後轉成其他不傷大雅的字詞，此處三例的字義分別為「哆嗦」（shivers）、「糖」（sugar）和「射」（shoot）。

乍看之下，厭惡好像是一種自然、天生、正常且放諸四海皆準的感覺，但其實不然。這是一種後天習得的反應。大人教導小孩說，排泄物和嘔吐物是噁心的、冒犯的。杜林寫道：「拉屎是一種沒有目的的純粹幸福——直到我們的父母帶著他們的敵意看法插手干預。」[5]

　　這種教導在小小年紀就開始了。髒尿布很快就被換掉，大小便後要立刻沖水，大人會說：「噁心！別碰！」上完廁所要把「骯髒」的手洗乾淨，而且不會自己控制大小便的小孩會被排除在幼稚園的社交環境外，這些在在都對孩童傳達很明顯的訊息。要是小朋友在大學校裡「弄髒」[2]（跟堆肥有沒有關連？）自己，那就完蛋了。這是一種很難淡忘的羞恥。提摩西·傑問得頗有道理：「當小孩被大人教得清楚意識到『骯髒』的力量，他或她怎麼可能不對糞便著迷？」[6]

　　童年早期對屎溺的興趣，也顯示在小孩將食物和糞便並列的關注上。美國一份語言學研究，檢視了一處童子軍營地男孩團體的語言遊戲——無疑是收集男孩同儕談話資料的絕佳機會。研究者記錄男孩們的屎溺命名創意，尤其是將食物與排泄物加以連結。米飯淋肉汁成了「屎淋虱子」，即食布丁成了「濕褲」（scoots），指的是內褲上的棕色污漬；另一

---

[5] Dooling, 1996:137.

　2 原文為soil，又有泥土之意，因此下文跟堆肥有所聯想。

[6] Jay, 1999:200.

方面，他們把腹瀉說成「亂噴巧克力醬」[7]。隨著年齡漸長，男孩的語言除了屎溺還加上性愛，兩者都用於咒罵。

由於厭惡是後天習得的反應，因此無可避免會受文化價值觀影響。不同的文化對於什麼東西算噁心有很清楚且非常不同的看法。在某些地方，你可以毫無顧忌地在公共場合吐痰、挖鼻孔，有時還把鼻屎從公車車窗彈到外面的人行道；在另外一些地方，你則可以把鼻腔裡的東西大聲擤到一小方折起的布料裡，然後放回口袋，整天帶著走。

人類排泄物是一個放諸四海皆準的厭惡主題。然而，在某些城市有許多無家可歸之人的擁擠街道上，你幾乎可以變得習慣滿地人糞，就像富裕國家人行道上滿地狗糞，嘲笑著當地相關單位對「狗主責任」的言之諄諄。排斥排泄物的主要原因在於怕被污染。事實上，「噁心！別碰！」這句話已經一語道破。人們會收手、退縮、避開。這種心理的反感展現在實際的退避動作上。

這種觀念從被謾罵的東西本身延伸到代表那東西的字詞。害怕被髒東西污染變成了害怕被髒話污染。糞便是骯髒的，因此與其相關的念頭或字詞也是骯髒的——彷彿碰上這些念頭或字詞就跟碰上它們所指稱的東西一樣會讓人遭到污染，那東西被視為骯髒、使人不快、討人厭、不乾淨或就是「噁」。凱特・柏瑞芝在她那本非常風趣的《開花的英文》

---

[7] Mechling (1984)，引用於 Jay, 1999:200.

（*Blooming English*）中說：「可憐的小小字詞，又不是它們故意的！」[8] 因此我們有「骯髒的頭腦」、「骯髒思想」、「髒話」、「髒笑話」。「廁所幽默」是總稱，既是脫口秀諧星用來逗笑萬無一失的快速法寶，也是孩童談話很大一部分的內容。

沒有多久之前，小孩還會因為說了所謂的髒話而被大人用肥皂洗嘴巴，通常是在大庭廣眾之下，類似巴格達的罪犯吊死示眾，或者小偷在利雅德市中心被施以砍手之刑。若要將訊息傳達給很多人，場景就很重要。我兒子碰過一次這種事——我指的是洗嘴巴，不是砍手。說得更正確點，他是在幼稚園裡跟同學一起被迫觀看別人被洗嘴巴。

事後我以家長和語言學家的身分向園長表達不滿，她只是不以為意地聳聳肩，說：「這招有效，這點最重要。」顯然，看到同學在大庭廣眾之下被強迫洗嘴處罰之後，（有一陣子）兒童說髒話的次數會減低。馬基維利³ 跟這可脫不了關係。幼稚園園長顯然相信兩年一度的洗嘴巴類似每年一度的寄生蟲檢查，是很有效的防治手段。

成人將這麼多的社會化精力投注在訓練小孩控制大小便，教他們分辨什麼是乾淨、骯髒、適恰的，因此經過這個年齡層的兒童特別愛把屎溺掛在嘴上，大概也就不足為奇。

---

[8] Burridge, 2002:221.

3 Machiavelli (1469-1527)，即《君王論》的作者，主張為達政治目的可不擇手段。

他們學習語域——依照聽眾選擇適合的語言——的速度之快也令人印象深刻。無疑，禁忌語言在他們的同儕交談中大展身手。

事實上，咒罵詞可以早在幼兒十二個月大時就出現。提摩西·傑在《我們為何詛咒》（*Why We Curse*）中說，兒童的咒罵有可以預測的模式。兩歲之前可用的咒罵詞彙只有三四個，到上小學之前已增加為大約二十個，然後繼續增加，及至青春期之前達到近三十個。青少年時期，咒罵率臻於高峰，尤其是少男。之後的發展則通常跟社會經濟條件有關。成人的詛咒詞彙從二十到六十個不等，用於公開場合——不過不見得全在同一個場合用上。

小小孩跟某些脫口秀諧星類似，認為用「噓噓」或「便便」來代表生理功能或性器官是很好笑的。事實上，屎溺之道也將是他們成人後咒罵詞的主要來源之一（**玻璃、屁眼、尿**）。然而，當小孩開始跟別人交往相處，他們會意識到個人之間的不同，用帶有貶意的標籤取代早期的「便便」，如「四眼田雞」、「肥仔」或「智障」。讓人不禁納悶何者比較不糟。

貶意的標籤通常帶有屎溺傾向（「大便臉」），是爭奪人氣和主導地位的有效武器。罵人是區分團體成員和非成員的戰術，有效地團結己方、排斥他者。至今仍讓我感到羞愧的是，十四歲左右時我屬於一個自稱「貝拉」（Bella，我不知道當時我們怎麼知道這個字表示「美麗」）的小圈圈，嘲笑

排擠班上一個同學，只因她身材太高、頭髮油膩、成天繃著臉、胸部平坦。比一群青春期少女更具虐待狂的行為者恐怕不多。

當然，做父母的喜歡把自家孩子說髒話此事歸咎於同儕團體的「不良影響」。可以相當確定的是，那些不良影響的父母八成正在家裡指控**你的**小孩是不良影響。事實上，小孩會咒罵是因為模仿四周的行為樣板，通常是家裡的。你踢痛了腳趾，於是咒罵，你的小孩聽到，便學會如何在類似情況下做出反應。句子是什麼不重要，總之它變成與憤怒或挫折情緒相關的語言。

我可以用自己育兒經驗的一個有趣故事來說明這一點。我發誓，我兒子說出第一句完全合乎文法、用對情境的罵人話（當時他兩歲），是「天殺的富豪駕駛」。這句話之所以值得注意，是因為它出現的場合並不在車上，甚至根本不靠近馬路。當時我兒子在家中地上玩樂高積木，想把幾塊拼在一起，但是拼不上，於是挫折之餘就冒出了「天殺的富豪駕駛」這麼一句。

小傢伙完全不知道富豪是一種車，也不知道開富豪的人有某種名聲。他只是常常搭母親的車，而這個母親習慣在交通狀況不順時用言語表示不滿，於是他有樣學樣。這是一種被稱為過度概括（over-generalization）的語言學習策略——小孩會因此說出「getted」，而非「got」[4]——他把整句話（兩歲小孩分不出字與字的界線）用在一個無關但類似的話

語情境。這句話絕對有助他發洩挫折，八成也帶來他所需的片刻平衡，這就是咒罵的功效，不管你年齡如何、在什麼情況下。

屎溺咒罵詞的首席當然非屎莫屬，也許是因為它已經存在了好久。一筆非常早期的紀錄（shit-breech）出現在1202年，之後是1250年的「shit worde」。一百多年後，出現「shitten」（1386），然後是下下世紀的「shit-fire」（1508）。再過一個多世紀，「shitabed」為人使用（1690），到了1769年，頗富古趣的「屎袋」（shit-sack）的定義是「怯懦卑鄙的人」[9]。

辭典編纂者艾瑞克·帕崔里吉列出六十幾個由屎組成的詞，從古老到當下都有[10]。事實上，屎是一個特別具有衍生力的字，不停產生新的複合詞。比方「屎桶」（shitcan）最早是美國陸軍的俚語，指垃圾桶，如今仍保有這個意思，但也多了動詞的形式，表示「迅速而永久地丟掉」[11]。

從結構觀點而言，屎的動詞變化形式與「坐」（sit）相同，因此過去式是「shat」。基本形容詞是「shitty」，也有「shithouse」（茅房）之類的複合詞可以用做形容詞。此字單

---

4 get是不規則動詞，過去式為got；但若按照一般過去式的規則，則會概括歸納出getted這樣的錯誤。

[9] Hughes, 1998:29.

[10] Partridge, 1984:1052-4.

[11] Gaines, 1948；Gilliland, 1980.

獨用做情緒字眼時主要是單數名詞（**狗屎！**[5]），前面通常不加「a」（一個）、「the」（那）、「some」（有些）之類的限定詞（determiner）。當然也有例外（the shit hits the fan [屎打中風扇了]），用做複數名詞時通常會加上限定詞（get the shits with [不爽]）。做為動詞，它可以單獨使用（he shits me [他唬弄我]），也可以跟其他字合在一起創造特殊意義，例如「攪屎」（shit-stir）表示製造麻煩。

此字的語意視脈絡而定，儘管屎是個四字詞，但絕非只有負面詞義。「真夠屎的，嗯？」是常見表示驚訝的詞，另一個較極端、也許有點不尋常的版本是「拉屎蹦磚頭！」。屎可以加在形容詞上，加強其詞義（shit-scared [嚇到挫屎]），但這種用法並不是咒罵詞的真正功能。用做強調詞時，屎可以有正面的聯想：「屎熱門的派對」就不容錯過。「屎熱門」（shit-hot）又可以縮減成屎，表示絕佳的意思仍然不變。

康妮‧艾柏研究美國大學生日常的隨口交談，認為此種交談的一項主要功能是加強團體身分認同[12]，而這身分認同一部分是由反抗權威來建立。她也討論到同一個字可以表達正面或負面意義，舉的主要例子就是屎，拿「我的英文課有

---

5 這種做為情緒字眼的用法，中文通常不會單說一個「屎」字，因此斟酌譯為「狗屎」。

[12] Eble (1996).

一大堆屎作業要交」跟「我彎瞭那門課的屎」對比，還有更正面的——「麥可的新BMW有夠屎」。類似的，「破爛」（junk）可能是負面的（與「垃圾」同義），也可能是正面的（「你考進醫學院啦——有夠破爛的！」）；「bitch」用做動詞時多半是負面意義[6]，但形容詞形式可以是正面（「一個bitching小妞」可是很高的推崇），也可以是負面（「這場考試真夠bitching！」）[7]。澳洲青少年俚語也有類似的傾向，例如用「sic」表示絕佳。

髒話研究者似乎各有偏好的咒罵詞。杜林心目中永遠的第一名是屎[13]。「『屎』的雙重意義使它成為如此友善的罵詞。若說『幹』是個好戰的字，聽起來像兩頭雄鹿以角抵擊，那麼『屎』就是個愉快、有同志情誼的字。說『屎』的時候，嘴唇不得不咧成一個微笑……這是個伙伴用詞，你用來稱呼某個……很瞭自己的屎的人。」

然而，屎最常代表的還是負面聯想，就算只是輕微惱怒（「哦，狗屎」），當事情不盡如你願的時候。許多組合詞，例如複合形容詞「屎屁股」和「屎臉」，比較有表達發洩的功能。大量名詞提供了許多可用來罵人的難聽話——「屎頭」、「腦袋裝屎」、「踢屎的」。有以動詞為基的順口溜

---

6 如「使壞」或「搞砸」。

7 此二例的bitching分別指「極棒、非常好」和「很糟、很要命」。

[13] Dooling, 1996:150.

（「拉屎在自家門口」）和整個子句的形容（「他們以為自己連拉屎都是香的」、「不拉屎就別佔著坑」）。「熊是不是在森林裡拉屎？」這個修辭性反問，其實就是用比較長的方式表示「是」。還有「國王說：『屎！』」就簡短地代表了後面更複雜的情節：「……他的臣民就全都開始努力屙」或者「……於是一萬個臣民就依言拉屎了」。

現成句子的省略版本，如「你可以把馬拉到水邊」（但你不能逼馬喝水）或者「沿著狗屎溪往上划」（乘著一艘沒有槳的鐵蒺藜小船）[8] 可以建立團結感，因為它們的意義來自彼此皆知的典故，而共通的心照不宣可以讓人感覺像好兄弟（這一點我是透過痛苦的個人經驗得知的。我在母語並非英文的家庭長大，有很多年的時間都困惑地偏著頭、臉上帶著同樣困惑的表情，納悶「瞎子佛萊迪」和「玻璃屋」是什麼意思[9]）。

但是等等，還有呢。你可能「得屎」（get the shits）、「給某人屎」（give someone the shits）或「跟某人有屎」（have the shits with someone）[10]。你可能「運氣屎爛」、「不值一

8　此句是以誇張方式形容處境惡劣。

9　前者出自澳洲俗語「連瞎子佛萊迪都看得出來」，指事情簡單明白之至；後者則應是指俗諺有云「住玻璃屋的人別丟石頭」，意為自身有短處就別為難他人，或自身處境尷尬不便採取行動。

10　這三個片語意思分別為：「倒楣、輪上不好的事」、「惡劣對待某人」、「對某人不爽」。

撮屎」，或發現自己「深陷屎堆」。你可以「很瞭你的屎」，
「振作起自己的屎」，或者無論如何都「不鳥它什麼屎東
西」。屎有「幸運」、「愚蠢」、「瘋狂」和「甜蜜」的，有
「重」、「深」或「惡狠狠」的，還有「牛」、「馬」和「雞」
屎。哦，趁我還沒忘記之前趕快提，你也可以「丟」、
「甩」、「抓」或「搞」屎。

　　與毒品有關的詞義向來都非常有屎衍生力：你可以
「抽」、「買」、「賣」、「脫手」或「弄到」屎。你可以抱持
哲學態度，聳聳肩，安慰自己說「倒楣事屎有所聞」；或者
你也可以毫不饒人，詛咒你的敵人「吃屎去死吧」。

　　若說抔是徹底的英國產物（儘管如今已四處流傳），那
麼屎就非常美國，尤其是「上天的屎」（Holy shit）[11] 這類詞
語。我曾想拿不同的辭典（英國、美國及澳洲的）來比較
「屎類」字詞的數目，但各辭典收錄字詞的標準差異極大，
由此計算出的任何數目恐怕都不正確。在此我們且說，若你
認為屎主要是美國人愛用的字[14]，請參考《麥克瑞澳洲口語
辭典》（*Macquarie Dictionary of Australian Colloquialisms*），
書中屎一字列出二十四個詞條，另有九個包括屎的複合詞。
在這三十三個項目中，只有一個（「運氣屎爛」）標示為源於

11　基本上此詞只是shit的加強版本，並無字面意義；但holy一字原義為「神聖
　　的」，涉及宗教禁忌，可參考〈以上帝之名〉一章。

[14] *Macquarie Dictionary of Australian Colloquialisms*, 1984:276-7.

美國。

　　一個典型澳洲用詞是**死屎**（deadshit），在我小時候，這個詞是用來指妳母親會希望妳與之交往的那種好男孩。另一個是**沒屎**（shitless），是用來加強語氣的副詞，用在負面形容詞之後——「嚇到沒屎」、「無聊到沒屎」——極具生動效果，但無法跟正面形容詞合用——你不能「快樂到沒屎」，或者「有錢到沒屎」。這點引發了一個哲學問題（不過我們沒時間加以深思），那就是無屎狀態何以被視為跟負面經驗有關，除非它暗指弄髒自己的羞恥，這是童年遺留下來永難擺脫的包袱。

　　這些詞很多都有不只一種功能。就以**牛屎**（bullshit）[12]為例吧。它可以具有模糊的指稱意義，頗類似「屎」（指東西），比方「這門課教了我們一大堆牛屎」，也可以用於驚嘆，**牛屎**！句法上當做對前面一句話的回答。還可以用來否認某件事的真實性。A：「我昨天就寄出支票了。」B：「牛屎！」

　　至於牛屎的語源——這點仍是個謎。大部分人自動認為此詞與牛有關（一定是牛的某些特質讓人有此聯想），但有些人認為它與「boule」有關，而這又可能連結到各種不同的概念如球、立法議會、裝飾性的木製品和白麵包。任君選

---

[12] 此字在中文類似的用法則應說「狗屎」，但此處顧及後文所論的語源出處，仍直譯為牛屎。

擇。

屎另外有些屎溺親戚——這些詞有相關意義，但不直接提及屎。最有名的便是「棕色鼻子」，用來形容「唯唯諾諾的人」，或修斯所稱的「逢迎拍馬的寄生蟲」[15]。英國及澳洲英文則直接說到屎的來源，管這種人叫「爬屁股的」和「舔屁股的」。

@*%!

若說園藝學家喜歡散播它，古生物學家喜歡追它（追溯它的年代，不是約會追求它），而刑事鑑識病理學家喜歡在顯微鏡下看它，那麼語言學家也自有其怪癖偏好。通常他們會收集此字實際使用的資料庫，謹慎地不讓研究者或錄音器材出現，以免影響（或污染）發生情境。然後他們分辨出脈絡因素如何處、何時、何物及何人，努力將該字的用法和功能加以分類。特別喜歡分類的人，會把研究結果做出驚人的呈現。達成這一點之後，他們通常滿足於了解了這個詞的語用學（pragmatics）——也就是它在使用脈絡裡如何運作。若這語言學家同時也是辭典編纂者，那麼這份資訊會有助辭典裡提供的各種意思或定義變得更豐富。

安格斯・基曼收集了「屎類」詞句的資料庫[16]，歸納

---

[15] Hughes, 1998:29.

[16] Kidman (1993).

出此字有三大不同的主要意思，將之分類為屎（指涉）、
屎！（情緒字眼），以及屎（東西）。

第一類的屎傳達「糞便」之意，唯一的差別在於語域，
也就是社交情境的適用度（稱職的語言使用者知道屎比較適
合在酒館而非銀行說）。我們或許可以說，屎和「糞便」這
兩個詞的語意相近，但語用不同，要看社交脈絡，才能決定
該使用術語（「糞便」、「排泄物」）、委婉語（「廢物」）還是
禁忌（屎）。因此，這些只是用來描述相同情境的不同方
式。

雖說屎的指涉性用法是「糞便」的低語域版本，但這八
成是它最不常見的一種用途。用來傳達情緒，才是屎真能大
展身手的時候。事實上，隨著此字變得約定俗成、公式化
（這是變成情緒字眼的字詞必經的變化），字面意義也逐漸消
失，代之以隱喻意義。例如，若你說你的教授講課害你無聊
到沒屎，聽的人絕不會以為你有便秘的困擾。

屎顯然比幹更容易用於隱喻意義及文字遊戲。對此基曼
有個有趣的理論：「隱喻性的用法要成功，必須人們對該隱
喻有共通的了解。」[17] 他認為，「『幹』是非常個人化的經
驗，不是放諸四海皆通的，而『拉屎』則（想來）是每個人
都大同小異的經驗，也是人生在世必須的一項活動。」

基曼的第二種分類是用做情緒字眼的「屎！」。語言學

---

[17] Kidman, 1993: http://www.gusworld.com.au/nrc/thesis/ch-3.htm#3.4.

家大多同意，此字有清滌功能，表達各式情緒，包括厭煩、挫折、憤怒、失望、驚訝、厭惡或狼狽[18]。艾倫（K. Allan）與柏瑞芝還列出「苦痛」，不過就我個人而言，若要表達我自己的任何苦痛，我會用比較強烈的字詞。

若語言教師足夠勇敢，試圖教學英文的外國學生使用咒罵詞，可能會把「**狗屎！**」放在斜坡中段，或許介於上方的「**幹！**」和下方隔著一段距離的「**該死！**」之間。這種做法試圖用曲線圖傳達許多情緒字眼的強度，但當然忽略了一點，即某些咒罵詞或許強度相當，但卻用於不同情境，稍後我們討論「基督知道」（Christ knows）時將會談到。

以前教外國學生時，我發現把這類詞語通通歸成一類（傳統上被稱為「壞」或「髒」話），建議他們小心加以避免，是簡單得多的做法，儘管也許有點懦弱。這是很好的忠告，因為如果聽到外國人用有口音的目標語言（target language）咒罵，母語說者通常會大表反感。因為很難「感覺」到非母語的咒罵詞的強度輕重，外國人似乎通常較容易犯下用詞過猛的錯誤。因此，考慮到這種種因素，避免使用這些詞或許是最安全的方式。

此外，我們必須記住，一個人的「該死」可能等於另一個人的「幹！」。若能探討個人變數（如宗教背景）與其偏好的咒罵詞之間有何相應關係，應該會是很有趣的研究。

---

[18] Allan & Burridge (1991).

對外國學生而言，面對「屎！」做為情緒字眼的最大問題，也許在於它的用途眾多。可以使用它的情境包括：

不小心打翻飲料（哦，狗屎！抱歉）；

感覺疼痛（狗屎！那樣真的很痛）；

突然看見美麗的落日（狗屎！太美了）；

打錯電話（狗屎！我真笨）；

感到驚愕（狗屎！這消息真糟）；

感到震驚（狗屎！你開玩笑的吧？）；

感到遺憾（狗屎！我真希望事情不是這樣）；以及，引用基曼收集的一個真實例子，

快達到性高潮（他大喊：「老天的屎，我的上帝，我要射了」）。

像英文如此豐富的語言，怎麼可以容許說者使用同樣的情緒字眼傳達這麼不同的種種情境？基曼試圖解開這個謎題，表示這些情景都有一個共通的核心，就是意外之事發生在開口說話的此時此刻。那個即將射精的男人顯然不可能對此事太過驚訝，但驚訝於它發生的時機（或許比他預期的早了一些）。當然，「屎！」是單音節，方便使用，非常適合用於如此即時的反應，但還有其他字詞也是如此。儘管「屎！」大部分表示負面語氣，但並非僅限於如此，日落和性高潮的那兩例便清楚說明了這一點。

為何我們對口語的情緒字眼屎比對書面的屎容忍度高得多？也許因為口語的情緒字眼是自然而然的爆發，比較接近不由自主的反射動作，因此它突然出現是可以原諒的。此外，它跟所有四字情緒字眼一樣，都是稍縱即逝，一說出口就消失了，其實不太值得為此小題大作。馬克・吐溫（Mark Twain）據說曾表示華格納的音樂「實際上比聽起來好」，杜林則宣稱書面屎的意義比口語形式多出許多，想來是因為書面形式已失去了這些自然而然、不由自主、稍縱即逝的特性[19]。

　　基曼把屎用法的第三類、也是範圍非常大的一類，稱為「屎（東西）」。如果我們認為用做情緒字眼的「屎！」已經服務好多個主子，那麼這個類別屎的意思更是飄渺又稀釋到——一如「東西」這個名稱所顯示的——其基本核心意義只不過是個名詞性詞（nominal）而已。換言之，它差不多只是某樣東西的名字，代替另一個名詞，類似代名詞。

　　「你這些屎怎麼扔得到處都是？」「我已經太老，不想再搞這種屎了。」「我不想再聽到半點屎了。」在這些例子中，屎皆用來寬鬆地代表說者和聽者都熟悉的某樣事物。此字所代表的東西要不是就在當場、在他們面前、在現時現地，就是存在於他們共通的理解、先前的對話中，是他們基於某些共通生活經驗而彼此知道的事物。總之，那東西不需

---

[19] Dooling, 1996:130.

要特別說清楚。我們跟素昧平生的陌生人說話時不會用「東西」此義的屎，原因之一就是他們可能無法推知屎指的是什麼，而朋友、熟人或親密伴侶則可以。

如果你想把「東西」的屎跟「指涉」的屎加以連結，關連可能在於指涉的屎是廢物，是身體已經不需要的殘餘物質，沒有用處（除了堆肥之外）。在兩個原型句子中——「人行道上有屎（糞便）」和「你那些屎扔得我滿客廳都是」——我們可以找到一個共通核心：兩者都表示有無用的東西在場，希望那東西可以除去。

基曼對屎運作方式的三分法只是一種可能的分類，雖說是俐落又容易消化的一種，用語言學家對髒話的興趣把屎加以——這麼說吧——切割。大衛・克里斯托的出發點略有不同[20]。首先，他把屎有正面聯想的用途（比方做為一般的情緒反應，表示驚異、同情或尷尬）及屎的俚語指涉用法（比方用屎代表大麻）跟具有負面聯想的用途加以區分。在第三個類別中，他列出：

> 人身攻擊（你這屎臉）
> 骯髒的活動（屎工作）
> 否定（啥屎也沒）
> 麻煩（惹了一身屎）

---

[20] Crystal (1987).

畏懼（嚇到挫屎）

欺騙（少用狗屎唬弄我）

惡劣（說那種話很屎）

垃圾（一大堆屎）

　　再一次，一個字詞服務許多個主子。此外，代替屎的委婉用詞（shivers、sugar、shoot、shucks等）可以用於負面用法，也能用於一般的正面用法。如果我們需要舉例說明字詞是如何透過特定情境而達成意義，屎就是最佳例子。

@*%!

　　我們已經說過，骯髒事屎有所聞，而且可能相當噁心。你或許認為噁心就是噁心，沒什麼差別，但這方面的研究者指出事情沒那麼單純。比方說，學院語言學家艾倫與柏瑞芝以大批學生及大學教職員為研究對象，請他們為身體產品令人厭惡的程度打分數——這裡說的身體產品指的是身體產生的東西（膿、鼻涕、尿等等），而非身體保養品。這些身體產品——或者用個比較好聽的委婉語，「排溢物」（effluvia）——令人作嘔的程度分為五級，從「非常令人作嘔」到「不令人作嘔」，中間值則是「令人作嘔（R）」。這兩名研究者承認作嘔程度的分數會視不同的社會而變，但主張「排溢物之為禁忌話題」這一點幾乎是放諸四海皆準。

　　獲得最高分的是屎和嘔吐物，84％的受試者都給予高過

R的作嘔程度。緊追在後的是經血（80%的男性，47%的女性）、打嗝呼出的氣（78%）、鼻涕和屁（70%）、膿（67%）、精液和尿（58%），以及口水（50%）。被視為「不令人作嘔」的東西如下，依照無傷大雅程度的遞增排列：剪下來的指甲屑、非打嗝呼出的氣、傷口流出的血、乳汁、淚水。淚水被視為最不令人作嘔，顯然是因為它並非身體產生的廢物，不會造成污漬，而且流淚不會（通常不會）導致死亡。

作嘔程度與一項禁忌密切相關，涉及生殖繁衍（以及隨之而來的，對血緣關係的保護）以及廢物污染這兩種擔憂。就身體部位及排溢物的可啟齒程度而言，禁忌對男人的規範比對女人嚴格，如經血及代表「陰道」的字詞比精液及代表「陰莖」的字詞更令人作嘔／更禁忌，就是一例。尿比屎的分數低得多，這一點也跟文化習慣有關──男人排尿時不需要特別找個隱密地點，但排便時則會躲到封閉空間進行（至少我們希望如此）。連學步兒都知道便便比噓噓更嚴重。

這些作嘔反應顯然不是固定不變的。人們對乳汁的態度有所不同，要看我們討論的是哺育嬰兒的母乳還是弄髒衣服的溢奶。跟所有排溢物一樣，反應如何也取決於它來自誰的身體，以及你跟那人的關係為何。奶媽在西方社會已不再普遍，但在新生兒病房，早產兒的母親通常有泌乳困難，可以用其他母親多餘的奶水來餵，令人作嘔與否根本不相干。也許這是只有女人才懂的事。

你的心態影響你是否視排溢物為令人厭惡，而心態某部

分也跟你的處境相關。如果輸血能救你一命，你就不會認為它令人作嘔了。如果精液或汗水來自親密伴侶，可能會被正面看待或減低其令人作嘔的程度。如果屎或嘔吐物來自小孩或病人，也會受到不同程度的容忍──不過計程車司機對這些東西一律畏如蛇蠍。

作嘔程度的親戚之一是「可啟齒指數」，也就是人們談起某物是否自在。這點受到脈絡變數的影響，包括你談話的對象，對話的地點和目的。生殖器官被委婉稱為「私處」並非偶然，但你是否會真正用上這個詞，則視脈絡功能而定。一般而言，正式或技術性的術語比較容易啟齒──所以「糞便」的指數得分比「屎」高，「精液」比「洨」[13]高。

因此，骯髒事不只屎有所聞，你在錯誤場合說出「屎」的時候更會倍顯骯髒。凱特・柏瑞芝說：

> 千萬不要懷疑髒話的力量⋯⋯一如大部分遭禁的東西，髒話有特別使人著迷之處。禁忌之物是令人作嘔的、不可碰觸的、污穢的、不可啟齒的、危險的、令人不安的、令人興奮的──但尤其是強而有力的[21]。

---

13 原文cum是俚語，指精液，此處試譯為近來網路上流行的「洨」。

[21] Burridge, 2002:220.

以上帝之名

他媽的我們到底在哪？
──艾美莉雅‧厄哈特[1]

有句古老格言告訴我們，清潔近乎神。好幾個世紀以來我們都抱持這個信念──其間偶爾出現一兩場瘟疫推波助瀾──現在也不打算改變。相反的，如果清潔能讓你接近上帝，我們這些身處在醫療級殺菌產品的西方世界的人，離上帝一定近得不得了。教會的權力或許已不如從前，但我們依然乖巧過頭地默默遵守這條清潔等於敬神的規定。請容我稍加探索這其中的關連，因為，稍後你就會看見，這也能讓我們一窺咒罵與宗教之間的關連。

就從我們對清潔的過度關注講起。今時今日，我們的住家──尤其流理台和馬桶座──是有史以來最清潔的，我們

---

1 Amelia Earhart (1898-1937)，美國飛行家，為第一位獨力飛越大西洋（1932）、太平洋（1935）的女性，1937年嘗試飛繞世界一周途中失蹤。

的皮膚也是有史以來最乾淨的。我們誰不曾用過超強效殺菌劑？我們怕細菌、怕污染，怕得一塌糊塗，每年花費幾十億元購買完全沒需要的清潔劑，那些東西或許有心理上的安慰效果，但也有害生態環境。在自己的身體上，我們同樣花大錢買清潔、清洗、滋潤、深層潔淨、保濕、調理、除臭、衛生、浸泡和掩飾的產品——這類用品簡直不勝枚舉。要是我們聞起來沒有蜂蜜、薄荷、薰衣草或蘆薈味，只有，呃，我們本身的體味，那還得了。這是說，如果我們真的還記得以前自己的體味的話。

我不想深入探索我們執迷的心理驅力，這遠遠偏離了本書主題，且涉及非我專業的領域——心理學。我還是留在自己熟悉自在的區域——語言——就好。為了方便討論，讓我們暫且斷定，如今清潔已是如此深入生活的一部分，我們鮮少加以質疑。當然，各種年齡層的小孩常需要別人威脅利誘才肯洗澡，但別忘了他們還沒完全社會化。等他們長到青少年晚期，我們大概可以開始懷抱希望；及至成年離家時，他們已經非常清潔、非常愛乾淨。事實上，或許有朝一日，成熟度和投票權的終極判斷標準會以身上有無怪味來判定，而非以法定年齡為準。

社會預期我們與世界接觸時身體清潔無比，尤其是位於教堂或寺廟或清真寺裡的宗教世界。不只身體要清潔，服裝亦然：在這些場合，我們的穿著會有所不同，比較保守、正經、恭敬。我們認為外表能代表我們自己，代表我們想要顯

示的尊重態度。不久以前，人們的「星期日最稱頭服裝」[2]真的只有上教堂時才穿（對於其他宗教安息日不同的信徒而言，則是星期六或星期五最稱頭服裝）。穆斯林進清真寺前要洗手、脫鞋，這些都表示宗教性的尊敬。猶太人相聚用餐前必須洗手，就連一般並不虔誠信教的猶太人也會進行這番洗手儀式，才開始名為Pesach seder[3]的一餐。

身體清潔的重點在於我們身體與外在世界的界線，包括從不同部位以不同方式離開身體的種種生理產物──這些東西是私人的、秘密的，而且可能帶來差恥。要當一個完整的社會人，我們就必須隱藏所有生理功能，把它們留在我們生活的後台，不讓人看到、聽到、聞到、碰到或講到。若無法遵守這些規則，就可能顯示反社會傾向，甚至精神有問題。一個人開始崩潰時，最先忽略的事物之一就是個人衛生。

一個老笑話說法國人小便後不洗手，反而在小便**之前**洗。之前洗，是因為他們的手即將觸及一樣神聖的東西，而之後當然不會洗，因為若想像神聖的東西是髒的，就等於不敬。講這笑話給我聽的男性朋友向我保證，男人小便後洗手完全沒有合邏輯的理由。根據他的說法，洗手這番熟悉的小小儀式顯示，他們要不是根本分不清小便和大便非常不同的

---

2 英文的Sunday best一詞原意正如此處所述，表示專為上教堂而穿的正式服裝；如今則可泛指一個人最稱頭、最高檔的穿著。

3 逾越節家宴。

衛生因素，就是──這一點比較有可能──潛意識裡相信（或許從小被灌輸這觀念）觸摸自己的陰莖是骯髒的事。有些男人小便後拚命洗手，一定跟清潔等於敬神這項教條有關。這是他的看法。**至於我**？我只希望他們繼續保持這習慣，多謝──之前可洗可不洗，之後一定要洗。

宗教將身體的清潔與靈魂的清潔相提並論。罪惡──或任何違反某些重大道德戒律的行為──就是精神上的污垢或排溢物。依循已制訂好的規則或道德原則過日子──對沒那麼虔誠的人而言，則是依循自己的良心或法律──是我們保持內在清潔的方式。這些限制讓我們保持內在乾乾淨淨，靈魂跟腳底一樣清潔溜溜。當然，如果你弄髒了，總是可以加以清潔；為此，不同宗教有不同的方式提供赦免，刷洗那些髒兮兮的罪惡痕跡。

在宗教集會場所我們以服裝和舉止表示尊敬，在語言上亦然。古蘭經的阿拉伯文跟日常家居或買賣所使用的阿拉伯文不同。極端虔誠的以色列猶太人在日常世俗生活中鮮少使用希伯來文，就算用，也跟祈禱書和宗教儀式的希伯來文分得很清楚。羅馬天主教的儀式若使用拉丁文，就表示此一地點、場合與眾不同，信徒需要特別崇敬。至於新教儀式雖然堅持要讓會眾都能理解，但使用的語言也可能語境古老，讓人感覺有所不同。宗教經文的新譯本通常對一般信徒而言都比較普通、易懂、友善，但也因此容易招致強烈反對，反對者希望保持經文與俗世的神聖不可侵犯的距離。

久而久之，用於特定地點（如宗教集會場所）的特定語言會發展出自己的神秘氛圍，尤其如果該語言與權力及特權息息相關的話。再加上一點敬畏或懼怕，神秘氛圍就更強了。若以比較犬儒的角度詮釋，這種雞生蛋、蛋生雞的關係正好相反，那些特別語言是打從一開始就蓄意營造神秘氛圍，而這神秘氛圍則能營造出適合宗教的敬畏感，因為有了敬畏才有服從和一致。畢竟，就連魔術師和薩滿巫醫都會先唸唸有詞一番，好讓觀眾進入容易接受他們表演的情緒。

　　在宗教相關的語言上，人們對於善惡、對錯、衛生與否有很強烈的看法。事實上，如果違反了善的、對的、衛生的，人們的反應通常十分類似。有一種表示不讚許或厭惡的特殊表情幾乎放諸四海皆準，很方便用來面對放肆、凌亂或不道德的舉止，也很方便用來面對所謂的「壞語言」[1]。如果你一早就戴上這個表情，它大可用在接下來大半天可能碰上的令你厭惡的事情上。

　　語言的各個面向都有門外漢觀念存在，咒罵也不例外；而這些觀念之所以出現，八成有同樣的原因——因為它們似乎能使好像別無他法可解的事物看來有些意義和道理。有一種門外漢觀念是，壞語言通常不守規矩，跟講這些壞語言的人差不多。如果某人暴力又過度情緒化，別人很容易想當然爾地認為他的語言也不受控制，將情緒狀態視為等同於語言

---

[1] Andersson & Trudgill, 1990:35-7.

的「系統」或「秩序」。我把這稱做「門外漢語言學」的觀點，因為它儘管表面有著吸引人的邏輯，卻站不住腳。

咒罵詞自有其規則，稱職的咒罵者遵守這些規則，儘管他們可能不自知，就像我們遵守文法規則卻不一定意識到自己這麼做，也不見得意識到那些規則是什麼。咒罵詞的規則可能涉及句法（什麼跟什麼一起用）、詞彙（例如**幹他媽的**一詞的種種可能與限制）、文法（例如，儘管**該死**和**地獄**都是情緒字眼，兩者都大致適合用在踢痛腳趾的情況，但你不能用**該死**代替**地獄**，說「天殺的該死」或「下該死去吧」）和語用（或者說驅動脈絡，比方**該死**和**地獄**的禁忌程度或許相當，但並不能完全互換使用）。

規範咒罵的規則看似無形，實則複雜；黛博拉·希爾（Deborah Hill）對脈絡限制（這些限制必須先於且外於禁忌程度加以考慮）的研究，就清楚顯示了這一點。她以當代澳洲劇作當資料庫，研究澳洲英文（研究書面字句——比方劇本——容易得多，口語資料因為稍縱即逝、難以預測，因此收集不易），焦點集中在三個看似可以互換使用的「咒罵感嘆詞」（imprecatory interjection）——「天知道」（Goodness knows）、「上帝知道」（God knows），以及「基督知道」（Christ knows）——以找出潛藏其下的規則。她有兩個發現，其一是：「天知道」、「上帝知道」和「基督知道」三者的情緒強度依序漸增。

其二是：不同的感嘆詞代表不同的態度。用「天知道」

的時候，通常說者確實知道某件事，或至少約略曉得其內容。希爾的例子是：「他們總是吵著要他們沒有的東西，但我可以告訴你，他們沒有的東西並不多。天知道他們已經有足夠的玩具可以讓他們不去亂搞。」[2]

「上帝知道」和「基督知道」意思類似，都表示說話的人不知道。然而兩者不同之處在於，「上帝知道」表示即使說者知道也沒有任何差別，「基督知道」則表示說者相信如果他真的知道，事情就會有所不同。她舉的例子是：

> A：媒體怎麼會知道？
>
> B：上帝知道。反正現在都無所謂了。
>
> A：我們在中央車站道別。我告訴她我會永遠愛她。
>
> B：這話是真的嗎？
>
> A：基督知道……我們下一次碰面時，把車停在法蘭西森林坐了好幾個小時，她一直求我讓她當我情婦。

希爾的結論是，雖然這三個感嘆詞有時可以互換使用，也都可以用溫和得多的「誰知道？」代替，但意義的細微之處不同，視說者選擇哪一個而定。此外，這些細微之處並非偶然，而是有系統、有秩序的，說者刻意使用，聽者也能了

---

[2] Hill, 1992:214.

解。

　　但還是回頭來講禁忌。如果能知道生長在基督教文化內的人，是否比基督教文化外的人用更多不敬或瀆神字詞來咒罵，一定很有趣。身為宗教局內人，打破這類禁忌對受基督教教育長大的人可能有意義。反過來說，非基督徒咒罵時也許會比較不顧忌使用「基督知道」，就像用非母語咒罵的人通常「感覺」不出那些字詞的強度或禁忌度。此領域的研究通常專注於接收而非生產方面，也就是專注於被冒犯度（個人感覺受到冒犯的程度）而非冒犯度（字詞造成冒犯的程度），而這類研究證實，宗教背景與被冒犯度有高度關連。這點並不出人意料。

　　關於被冒犯度，羅伯・德賽寫道，聽到別人使用某一兩個宗教情緒字眼時他仍會覺得受辱，尤其如果說者並非基督徒 [3]。「我想我是感到其中多了一層輕蔑，鄙視我成長背景的文化。如果……牧師絆到貓摔倒時叫『耶穌啊』，會比拉比或伊瑪目⁴這麼叫讓我較不覺得受到冒犯。」

　　但讓我們往回走幾個世紀，回到教會握有實權、而非僅具象徵力量的年代。直到宗教改革認真開始削減教會力量之

---

[3] Dessaix 於 Radio National 的 *Lingua Franca*，2004 年 7 月，"Swearing"，http://www.abc.net.au/rn/arts/ling/stories/s1154069.htm。

　4 拉比（rabbi），猶太教士；伊瑪目（imam），清真寺內率領穆斯林做禮拜的經師。

前，天主教會的影響力和威望，以及所有宗教相關事物，都方便地提供了充足的禁忌語言可供咒罵使用。

對咒罵歷史的研究，通常把教會獨大的中古世紀視為咒罵最不受讚許的時代。但——許多禁令都有這種效果——公開遭禁的東西通常會暗地或迂迴地蓬勃發展。到十三世紀末，咒罵在英國和法國已經變成非常普遍的消遣，使教會當局非常不悅。

一本在十四世紀中葉出現英譯本的法文書，充分呈現了教士階級的憂慮。該書原作於1279年，譯者是丹・麥可（Dan Michael）修士，書名相當古怪，叫做《內在機智的再度咬嚙，又名良心不安》（*The Again-Bitting of the Inner Wit, or The Remorse of Conscience*），與其說傳達書的內容，不如說顯示翻譯的限度。姑且不論書名，這本書很清楚表示（如果任何人還有疑問的話），教士對咒罵這種行為抱持著譴責和不讚許的態度。

為了達成這個目標，原作者辛辛苦苦歸類了「咒罵的七種型態」，包括：大膽的咒罵、困苦的咒罵、輕微的咒罵、習慣性的咒罵、愚笨的咒罵、以上帝及聖人之名咒罵，以及虛假的咒罵[4]。若再進一步討論這些分類是如何組成、如何定義、如何說明，我想各位會失去耐心，總之，該書的分析足以清楚明白傳達教會對咒罵這種行為的看法和立場。

---

[4] 對Michael這套分類的分析可見Montagu, 2001:122。

昔日的權力當局將宗教相關語言尊崇為神聖不可侵犯，若觸犯禁忌，便可能遭處決或受刑罰。考慮到當時使用的可怕技術，刑罰確實足以發揮嚇阻功能。教會的「神」父大肆運用「瀆神」和「不敬」的概念，以達成控制壓迫的目標。傑說：「教會禁止不敬語，只因為當時它有權力這麼做。」[5] 他也指出，「一個人將瀆神看得多嚴重，取決於他對上帝的觀點。」[6] 因此，隨著宗教信仰逐漸式微，瀆神字詞的力量消失，也就不足為奇了。

瀆神與不敬語之間的分別是如此古老，連《牛津英文辭典》都用這兩個詞彼此定義。先前〈髒亦有道〉一章談過，瀆神**必然**是不敬的，而大部分不敬語也很可能涉及瀆神。但在中古世紀，一個人很難證明自己無意瀆神以逃過慘遭火刑的下場；容我這麼說吧，再怎麼費盡唇舌解釋，兩者之間的差別也只會燒得灰飛煙滅。

某些體制化的宗教 —— 猶太教、伊斯蘭教、婆羅門教 —— 曾嘗試禁止任何人使用上帝之名，這一點也許並不令人意外。就把這一點想成事關信任吧，或該說事關不信任。開宗長老是如此確定使用神祇的名字會導致某種不敬，因此全面禁止使用這最最神聖的字詞。算是一種保險政策吧。

猶太教的例子很有趣。聖經將上帝之名寫做沒有元音的

---

[5] Jay, 1999:191.

[6] Jay, 1999:107.

x

YHVH，唸做Yahweh或Jehova[5]，兩者都是用希伯來語唸這四個字母──yud-hey-vav-hey──的不同方式。由於希伯來文聖經最初沒有寫出元音，因此如今沒人知道上帝的名字究竟該如何發音。猶太教有一項傳統，由祭司長在每年贖罪日（Yom Kippur）進入至聖所[6]時唸出上帝之名一次，而此一發音則由前任祭司教授，口耳相傳。

由於該字的發音佚失，此外也怕人們隨時隨口亂講上帝之名，教士便在朗讀聖經時用希伯來文的Adonai（「我的主」）一字代替那四字之名。當希伯來文的經文加上元音，Adonai一字的元音便被加入上帝的四字之名。基督教的希伯來語學家（這詞或許看似自相矛盾，但其實並不然）不熟悉猶太教習俗，便把這四個字母跟加入的元音一起唸做混合式的「Ya-ho-vah」。

有些人認為，上帝之名這四個希伯來文字母是混合了動詞字根hey-yud-hey的過去、現在和未來式，該動詞意為「存在」，表示上帝「同時存在於過去、現在、未來」。〈出埃及記〉（Book of Exodus）有一段內容支持這個觀點，上帝向摩西表明身分，說自己是ehyeh asher ehyeh（「我將在如我將在」），使用「存在」此一動詞的未來形式。

猶太的Adonai影響了基督教，後者亦用「主」來代表上

---

5 即「耶和華」。

6 Holy of Holies，猶太會堂的內殿。

帝或耶穌。今日,虔誠的猶太人用Ha Shem(「名」)表示上帝,用英文時則寫做「G-d」,再一次用去除元音的方式阻止發音。不管發明元音的人是誰,他一定萬萬想不到元音(或省略元音)有朝一日會變得多麼方便好用[7]。

這項禁止說出名字的古老閃族傳統也及於十誡,由此再影響基督教。例如在聖公會的聖餐儀式中,牧師便引用《聖公會祈禱書》(Book of Common Prayer)上與聖經十誡相同的勸誡:「不可妄稱耶和華你上帝的名」。有些基督教會用「IHS」代表耶穌,關於這三個字母有很多種詮釋,包括「服事祂」(In His Service)或拉丁文In Hoc Signo,也就是「以此符號」(in this sign)[8]。

這種做法很有力量——簡單而且極度聰明。如果你說不出那個名字,就比較不可能加以不敬或瀆神地妄稱。而且不說出它,害怕說出它可能會造成什麼結果,更使那名字有了近乎魔法的意義。然而,瀆神的問題在於它完全取決於意圖,因此要看別人怎麼詮釋。若你運氣不好,別人認為你犯下的瀆神行為可能比你自己認為的更嚴重——薩爾曼·魯西迪(Salman Rushdie)就有這種慘痛經驗。伊朗的何梅尼(Ayatollah Khomeini)認為魯西迪的小說《魔鬼詩篇》(The Satanic Verse)瀆神,污衊了穆罕默德及其妻妾,於是下達

---

[7] 感謝Rabbi Fred Morgan的啟發與建議,私人通訊,2004年1月。

[8] Allan & Burridge, 1991:37.

格殺令，使魯西迪為了自保，必須多年自我放逐地避開伊斯蘭基本教義派的怒火。

當然，只因為教會說不可以，並不表示你不會去做。完全盲從不是人類的天性，這時委婉語就派上用場。事實上，我們或許可以說這就是委婉語存在的目的——讓你魚與熊掌兼得，一方面看似遵守禁律，沒有不敬地使用神祇之名，另一方面又用其他字詞代替被禁的字詞，想罵的話大可以卯起來咒罵個沒完。

從1350到1909年，至少有——八成遠超過——三十六個委婉意指「上帝」的情緒字眼形諸文字紀錄。以下是其中一些，按照演進順序排列：

gog	od
cokk	odso
cod	ounds
Jove	odsbodikins
'sblood（上帝之血）	agad
'slid（上帝眼瞼）	ecod
'slight（上帝之光）	goles
'snails（上帝指甲）	gosh
zounds（上帝之傷）	golly
'sbody（上帝之身）	gracious
'sfoot（上帝之腳）	Ye gods!

gods bodykins（上帝的小身體）	by George
	s'elpe me Bob
gad	Drat!（上帝爛掉！）
odsbobs	Doggone!（上帝詛咒！）
gazooks（上帝之鉤）	Great Scott
godsookers	Good grief
egad	by Godfrey!

我們或許可以說，這裡有若干字詞不算委婉語，只是有變異、有創意的瀆神語。然而這種說法無法解釋我稱之為「委婉語進程」的東西。委婉語的保存期限很短——一旦原詞的污名追趕而至，推動委婉語運作的電池就沒電了。前進的唯一方式就是再發明一個新的委婉語[9]。

人們的語言創意之豐富，令人嘆為觀止。「上帝」（God）可以加以修剪（odso）、扭曲（egad）、省略（'snails）或取代（s'elpe me Bob）。部分可以代替全體（'sblood），或者有時加入混合體（zounds；gosh 來自 God 加 sh），或語意完整的替代（gracious、Heaven to Betsy!）。「主」（Lord）也有類似的變化：「Lordy」、「Lawdy」、「La」、「Land's sake」；「耶穌」（Jesus）亦然：「Jis」、「Jeeze」、「Jove」、「Gee」、「Gee whiz」、「by Jingo」、「Jeepers

---

[9] Hughes, 1998:13.

creepers」、「Jiminy cricket」、「Christmas」、「Cripes」、「Crust」、「Crumbs」、「Crikey」、「for crying out loud」。

這些改頭換面的字詞有些與原詞已大相逕庭，我們可以判定大部分使用這些字詞的人都不知道其語源，也不知道它們原是委婉用語[10]。我們知道，假以時日，委婉語通常會省略剪短，變得約定俗成。幾個世紀過去，它們脫離了源頭，最後變成自己的儀式化版本。再過幾個世紀，我們如今說「what the devil」（或「what the dickens」、「what the deuce」）[7]說得起勁，完全沒意識到這些詞語來自諾曼地法語的誓詞「Deus!」[8]。

當然，我們很難得知原先的宗教意義是什麼時候流失的。我們確實知道莎士比亞讓筆下的奧菲麗雅說出一大串不敬語，她幸運地對此沒有自覺，但當時的觀眾一定意識得到：「la」、「Lord」、「by Gis」、「by Saint Charity」、「fie」、「by God」。這種幸運的不自覺狀態並不難理解。今日我們禮貌地說「祝福你」，表面上是為了防止惡魔進入你因打噴嚏而暫時失去靈魂的身體，但我們並不清楚這句話原始的迷信宗教意義，也不清楚這句話裡省略了「上帝」一詞以免瀆神——或不敬。類似地，當我們說「說魔鬼，魔鬼就

---

[10] Allan & Burridge, 1991:38-9.

7 這幾個片語意思相近，都表驚訝，指「到底怎麼回事」。

8 即「上帝」之意。

x

到」時，也反映了過去相信「如果講出撒旦的名，他立刻會應聲而至」的觀念[11]。

經過許多個世紀的發展和語意變遷，加上社會持續變得世俗化，如今留下了大量來自宗教的咒罵詞，其宗教意義──以及相關禁忌──幾乎都已褪色，於是留給我們許多已經失去，唔，**勁頭**的字詞。

羅伯‧德賽提出，「基督教的各式神聖存在」[12] 即將走上古代北歐神祇索爾（Thor）和歐丁（Odin）的那條路。顯然，切斯特頓（Chesterton）曾說過如今沒人能妄稱歐丁之名⁹。對於咒罵詞的愛用者而言，這些都不是問題，因為，當地獄和詛咒變得不太重要，自有俗世咒罵詞如**幹**加以取代，後者更適合這個「非信仰的時代」[13]。

然而，宗教詞語和罵詞的數量之多[14]，令人印象深刻。讓我們想想基督教術語中有哪些可供使喚的：有神祇的名字（上帝、主、基督、耶穌、耶穌基督、慈悲天父、仁慈上帝、耶和華），有地獄力量的來源（惡魔、撒旦、路西法、

---

[11] Dooling, 1996:43.

[12] Dessaix 於 Radio National 的 "*Lingua Franca*"，2004 年 7 月，"On the Euphemism", http://www.abc.net.au/rn/arts/ling/stories/s1154074.htm。

　9 意思是，因為該神祇如今已不再受人信仰、敬畏，也就沒有妄稱的問題存在。

[13] Dooling, 1996:13.

[14] Montagu, 2001:200-1.

別西卜），也有教會相關的聖物之名（神聖十字架、聖餐、神聖彌撒、聖傷、聖體和寶血）。此外還有列於一級名單的人物——加百列、馬利亞、摩西、約伯、猶大、教宗以及許多聖人，但尤其是彼得、派崔克、馬可及多馬。同樣的，某些旅遊勝地也常被人掛在嘴上（耶路撒冷、耶利哥、大馬士革、拿撒勒、伯利恆、聖墓、修院）。最後，還有跟來生相關的字詞（天堂、地獄、煉獄、該死、祝福、拯救）。

今日很少人會用「gracious」來避免直接提及上帝、避免被控以不敬或瀆神罪名。事實上，如今上帝（以他／她多種不同的面貌）總是被呼喊，為各式各樣情境——從暫時不便和輕微挫折到嚴重的憂慮疑懼——提供各式各樣服務。這年頭，若說宗教之為禁忌字眼的來源還能跟性愛一較高下，那是因為宗教相關字詞如今仍在流通使用的數量非常龐大，而非因為這些字詞強而有力。可以說，雷霆的部分已經消失了。

諸如「上天的屎」、「天殺的馬利亞」或「萬能的屁」這些詞，或許是試圖結合不同的禁忌元素達到更強烈的效果——宗教禁忌加上性／排泄物禁忌，再加上將兩者結合起來的此一行為的禁忌。在一些傳統信奉天主教的國家，這類結合詞可說又多又精采，例如義大利文的porco Madonna（聖母是豬）、porco Dio（上帝是豬），以及putana Madonna（聖母是娼妓）。

衡量這些字詞的一個方式，是禁忌度（taboo loading）

這個概念[15]。所謂禁忌度,可以定義為某個咒罵詞用在某個情境脈絡所含的震驚值(shock value)。咒罵詞的激烈程度可以加以評分,用零到六分顯示其禁忌度。隨著教會影響力式微,一度力量強大的瀆聖咒罵詞的禁忌度也降低。以前「上帝」一詞必須加以迴避或掩飾,現在則可以毫無顧忌地隨意用在大多數社群,除了最虔誠的社群之外。

計算禁忌度時,脈絡是最重要的一點,因為意義並非絕對,而是隨著特定語言和特定文化有所不同。如果你跟一群修女共進耶誕午餐,那麼不管碰到如何令人挫折的事物,席間你都會避免隨口提到上帝,因為在這個脈絡下,把場景、參與者、日期╱場合等變數列入考慮後,可以預測「上帝」或「耶穌」的禁忌度變得非常高。

由於教會可運用的懲罰資源極多,**地獄**和**該死**這類字詞產生了大量壞語言,也就不太令人意外。也許因為過去很長一段時間,這兩個詞語都被視為可能的目的地或罪惡人生的下場,所以為基督教會發揮了長足的功用。「你該死」、「該死的」、「下地獄去吧」在今日的俗世社會是相當平淡的詛咒,但以前可是驚天動地的話。關於咒罵模式隨時間改變的大部分研究都顯示,對一般大眾而言,宗教詞語已經「失去影響力」。上帝已死[16],提摩西·傑宣稱,而**地獄**、**該死**和「**魔鬼**」這些詞只不過是「增進對話風味的調味料」[17]。

---

[15] Taylor, 1975:17.

這樣說，並不是要小看以往人們對地獄的恐懼。跟其他生理功能或產物相關的咒罵詞不同的是，**地獄**是唯一一個代表地點的咒罵詞。愛麗絲・透納（Alice Turner）在《地獄史》（*The History of Hell*）中寫道：「地獄的景致是古往今來眾人以想像合力進行的最大建築工程，而參與的主要建築師都是偉大的創作者。」[18] 這裡指的人包括荷馬（Homer）、維吉爾（Virgil）、柏拉圖（Plato）、奧古斯丁（Augustine）、但丁（Dante）、米開蘭基羅（Michelangelo）、米爾頓（John Milton）、歌德（J.W. von Goethe）、布雷克（William Blake）。我們過著想像力貧乏的俗世生活方式，或許會不屑古人相信有個叫做地獄的地方，但我們不能忽略的一項事實是，「許多文明……整個活在對地獄的怖懼中，堅信其存在；他們忍受一輩子的自我犧牲，死得緩慢痛苦，只為了希望避免下地獄。」[19]

事實上，蒙特古提出，詛咒可能是演化出來、取代殺人的較不反社會的發洩方式[20]。其假設如下：

---

[16] Jay, 1992:167.

[17] Dooling, 1996:114.

[18] Dooling, 1996:115.（譯按：由正文內容看來，此句引文似應另有出處，而非與下一條出處頁數完全相同，疑是原書作者或編排疏漏，姑存之。）

[19] Dooling, 1996:115.

[20] Montagu, 2001:57-8.

如果我們認定，所有人類團體有時都會無法完全幸福和平共處，那麼暴力行為就無可避免。但胡亂殺戮只會破壞團體向心力，到頭來也會危及團體生存。

　　因此，早期社會譴責殺人，可能不見得基於道德理由（人命神聖之類的那一套），而是因為社會中有生產力的成員死去，會影響團體的經濟福祉，到頭來也會影響其存續。我們或許可以說這是咒罵起源的馬克思主義觀點。

　　但如此一來，憤怒該如何發洩？如果鄰居惹火你時，你不再能痛扁他一頓，那還能怎麼辦？詛咒由此產生──最優雅的憤怒控制方式。詛咒的妙處在於讓你在象徵層面行使暴力──達成你的目的，又不必違反禁止傷害人身的規定。事實上，有時候，如果你真夠幸運，詛咒還會成真──就像某張汽車保險桿貼紙說的一樣：「魔法是會發生的！」即使沒有成真，但如果你說出詛咒之後心情有所改善，而你的目標對象心情變壞，那就夠好了。整體說來，詛咒是一種很經濟的雙贏策略。

　　最早期詛咒的存在，跟人們對超自然事物的強烈信仰有關。不管召喚的是哪位神明，不管你是異教徒或基督徒，詛咒都建立在詛咒者（以及被詛咒者）的信仰上。如果你不相信自己投注在讓敵人垮台的精力有機會獲致成果，那麼你的動機一定會逐漸降低。

　　而當年人們的確對詛咒投注了相當多精力。古希臘和古

羅馬人使用詛咒石板。巴斯（Bath）的公共澡堂一度充斥這種石板，這種行為的不同版本如今仍在托斯卡尼與愛爾蘭某些地區施行。石板依照各人的需求和選擇刻上特定詛咒，然後埋起來，或者更普遍的是丟進深水裡。

羅馬人偏好把刻了詛咒的石板丟進神聖之地——注意此處神聖與不敬的事物交會——但後院的水井或距離最近的河流海洋也是受歡迎的地點。一般而言，把石板丟在哪裡通常跟你得拖著它走多遠有關。

今人發掘並修復了許多這類石板，其中非常有名的一塊如今收藏在約翰・霍普金斯大學（Johns Hopkins University）的考古博物館。這塊石板的年代大約為西元前五十年，上面刻了一則非常兇狠的詛咒，對象是某個據稱作惡多端的男人，有個頗為不祥的名字叫卜羅修斯（Plotius）。我說「據稱」是因為，既然我們沒聽到卜羅修斯的說法，還是別妄下斷論比較好。

　　善良美麗的普蘿瑟比娜（或薩維雅，若您偏好此名），請奪走卜羅修斯的健康、膚色、力量與感官知覺，將他送交您丈夫普魯托[10]。請讓他無法自行逃脫這番懲處。請您讓他每四天、每三天、每一天熱病大發作，折磨他直到他靈魂不保[21]。

10　Pluto，即羅馬神話中的冥府之神。

接下來，這份詛咒一一列出可憐的卜羅修斯的全身部
位：

> 我獻給您卜羅修斯的頭，⋯⋯他的額頭與眉毛、眼瞼
> 與瞳孔，⋯⋯他的耳、鼻、鼻孔、舌、唇與牙，使他無
> 法說出自己的痛苦；他的頸、肩、臂與手指，使他無法
> 自救；他的胸、肝、心與肺，使他無法健康安睡；他的
> 大腿、小腿、膝、脛、腳、踝、腳跟、腳趾與腳趾甲，
> 使他無法自行站立。願他死得痛苦不堪，一命嗚呼。

或許有點累贅，但非常徹底，而且先發制人。此篇的完
整內容中提及，這名下詛咒的女性害怕卜羅修斯也製作了一
份詛咒石板，因此希望她的詛咒能在二月底之前應驗在卜羅
修斯身上。報酬則會在詛咒生效之後奉上：「一旦您讓我的
誓言成真。」十分明智謹慎。

這塊石板被一根鐵釘貫穿，然後丟進河裡，象徵詛咒者
希望敵人的靈魂被刺穿。顯然，僅身體死亡是不夠的，靈魂
也必須是詛咒的目標。這類裝飾給了這種行為定義名稱，叫
做「釘牢」（defixive）詛咒。

石板詛咒跟其他較傳統的儀式一樣，都有一套詛咒者必
須嚴格遵守的規則，以求達到最大效果。第一步是以尊敬的

---

[21] Crystal, 1987:61.

正式名字稱呼要召喚的神祇，接著詳細描述要施展在被害者身上的苦難，然後承諾送上物質報酬（畢竟神明也要混飯吃），最後則訂定詛咒應驗的期限。其實跟發票也沒什麼太大不同。

如果你認為石板詛咒只是一種怪異、守舊、但基本上僅限於特定地區的古老習俗，跟戰車賽跑和品嘗毒堇[11]一樣，那麼，一個令人警醒的消息是，類似古人這種石板作風的詛咒，最近期的一個公開例子出現在1910年，一則詛咒刊登在法國一份鄉下日報。被詛咒的對象是個住在巴黎的女人，詛咒內容召喚「偉大的聖埃斯特米納」去「折磨費南德・X夫人的靈魂與精神……（列出她巴黎的住址），透過她的五官知覺。」接著：「願她被想離開她丈夫的願望折磨、糾纏。」然後詛咒者請聖埃斯特米納去折磨她自己的丈夫，同樣透過他的五官知覺。

我們可以假設詛咒者發現自己的丈夫和這位費南德・X夫人有染，但這純粹只是猜想，因為詛咒者接著又說：「願他（也就是前述的丈夫）只有一個念頭——就是給我錢。」這份詛咒背後或許有好幾個動機。至於X夫人，我們不禁納悶她是否讀鄉下報紙，因為如果她不讀，那麼對於自己即將大禍臨頭一事，她就跟古代那些受害者一樣渾然不知了。

---

11 hemlock為一種有毒植物，蘇格拉底被處死時便是飲下此種植物汁液，這裡作者應是拿此事來開玩笑。

@*%!

要提出使人信服的論點支持咒罵，並不難。隨便一想就有三樣好處。首先，它鼓勵你表達並具現你的情緒，為情緒畫出界線，把焦點集中在情緒上，用相當特定的管道加以發洩。這對人一定有好處。其次，把另一個人當做目標的同時，你就是把自己的不滿——不管內容為何——歸咎於外在的起因。這樣一來，推卸責任就容易多了。其三，界定出爭執的起因，它對你造成的衝擊就有限，讓你不至於受到太大負面影響。

心理學家告訴我們，就心理層面而言，將責任歸於外界是一種健康得多的做法；事實上，歸咎己身據說是悲觀態度的要素與精髓[22]。此外，詛咒是建立在堅定的信仰上，而任何研究快樂的人都會告訴你，有信仰的人絕對比沒信仰的人快樂得多。換句話說，正式詛咒——即使不是自行雕刻石板那種方式——能為全國人民大幅減低心理疾病的醫療費用，使我們不再日益依賴百憂解、心理專家和另類治療師。製藥業和自然療法業可能不會太高興，但就算他們倒楣吧。

有些人認為宗教信仰和詛咒有關，而相應地，無宗教信仰則與咒罵有關——這派想法或可稱之為「詛咒結束而後咒罵方始」，認為古希臘和古羅馬人不需要普通尋常的壞語言

---

[22] Seligman (1990).

——亦稱為詈罵（vituperative swearing）——因為他們對他們的釘牢詛咒抱有十足信心。最早的羅馬法律已有相關條例，限制詛咒的對象、地點和原因；這不是想做就可以隨便做的事，人們對此非常嚴肅看待，因為，說到底，詛咒是建立在信仰上。因此，詛咒並非只是字詞——當時它被視為具體的武器，會有具體的結果。

如果詛咒建立於信仰，那麼缺乏信仰一定會影響詛咒。如果你不再相信以往所祈求的神祇的力量，就不太可能會請他們幫太多忙。然而人生在世，難免偶爾會有暴躁跳腳的時候，也難免偶爾會樹敵。這時詈罵便派上用場，就算別無其他功效，也能使說者立刻得到清滌與發洩，運用的則是以往詛咒所使用的言語公式。「當一個民族不再確信詛咒可能成功，咒罵便蓬勃成長。」[23]

如今咒罵和詛咒（在美國稱為「幹譙」）這兩個詞幾乎可以互換使用，原因很清楚。同樣清楚的是，何以杜林（及許多其他人）強烈反對法律限制使用猥褻及污穢字眼的言論自由，主張咒罵這種需求「來自我們原封不動的靈長類無意識」[24]，是這部分將我們的言語和「靈長類的叫聲」連結起來[25]。這是一種自開天闢地以來就必須滿足的需要。「打

---

[23] Montagu, 2001:48.

[24] Dooling, 1996:11.

[25] Dooling, 1996:10.

從第一個穴居人走出山洞要去撒尿、不小心撞到頭開始，咒罵就一直存在——很可能早在字詞、戰爭、戰爭的字詞以及字詞的戰爭發明之前。」[26]

我們很容易認為詛咒是一種相當原始、毫無區別的言辭行動，幾乎發自本能。然而，雖然本能確實佔了一席之地，但紀錄顯示情況並非「詛咒就是詛咒，沒什麼不一樣」這麼簡單。事實上，詛咒具有高度區別，在時間和空間方面皆然。首先有兩大類型，取決於行使的方向，以及最終意圖。如果欠揍的是鄰居，那麼詛咒就是他人導向：「再不把音樂關小聲點，就下地獄去！」「願上帝懲罰你對我太太有非份之想！」但詛咒也可以針對自己：「若我不照你的話去做，願遭天誅地滅！」「我真的是不小心忘記你的生日，若有半句不實，願遭天譴！」

顯然，自我導向的詛咒比他人導向的詛咒更具象徵意義。事實上，自我導向的詛咒也就是「咒詛」（adjurative swearing），另一種更簡單的說法就是發誓（promising）。想想這段話：「我發誓字字屬實、句句屬實、無一不實，願上帝做我見證。」[12] 發誓時以神明震怒做為背信的懲罰，是廣為人接受表示認真程度的指標，甚至時至今日亦然，我們稱之為「誓詞」（在法庭上）、「盟約」（在婚姻中）或「法律

---

[26] Dooling, 1996:10.

12 這是歐美國家證人出庭作證時需手按聖經所做的宣誓。

合約」（除前兩者之外的幾乎所有事物）。

以宗教術語為本的誓詞有一大堆，**上帝啊、主啊、十字架啊、聖靈啊、聖母啊、天上的諸聖啊**只是其中幾例，用於嚴肅場合的基督教乞靈語句。主流教會向來認為此一版本的咒詛與不敬或瀆神的咒罵大相逕庭，而差別當然在於意圖。

有趣的是，有些基督教派，如清教徒和貴格會，對這種誓詞同樣不讚許，一如教會當局不讚許其他更明顯的不敬語。我問過一個隸屬基督復臨安息日會（Seventh Day Adventist）、嚴遵教律的鄰居，該會教友可否用聖經或上帝來發誓。他的回答是，這條規定跟其他規定一樣都沒有明文表示，但「耶穌說過我們不可起誓也不可論斷人」[13]。如此看來，這項規定包括了誓詞和詛咒，事實上還包括咒罵本身。因此今日可能出現一種有趣的情況，兩個人——一個是堅定的無神論者，另一個是信奉基督教某派的教徒——出庭作證時都拒絕以聖經或上帝來發誓，但拒絕的理由卻出自兩套完全不同的思路論點。

因此詛咒和誓詞兩者都源自有目的（儘管目的不同）的行為，也都發揮了長足的功用。不過，今日大多數人都會同意，它們已經沒什麼用了。當初一整套具有高度區別性、豐富的（有些人或許會說高貴的）言語行為，如今只剩一般性的咒罵。有些人甚至可能認為這是一種失傳的語言，值得哀悼。

13　典出〈馬太福音〉五章三十三節及七章一節。

詛咒的一個重要用詞——**該死**——的演化，很能說明咒罵詞的語意進程。**該死**原先是帶有「下地獄」意味的純教士階級用詞，但一如大部分基於宗教的咒罵詞彙，它已離開了主要表達懲罰的位置，不再，變成現代俗世用來表示輕微惱怒或不讚許的詞語。底下我們將看到，在這段演變過程中，它也染上了各種不同色調、不同深淺的掩飾偽裝，而那些偽裝成了代替它的委婉用語。

英文的**該死**（damn）最早出現於1280年，源自拉丁文damnum（「損傷」、「損失」及「傷害」），表示加諸傷害或損傷或損失，定罪或判決（doom）應受懲處。順帶一提，如今意指命運、毀滅或摧毀的「doom」一字，則源自十七世紀初，與基督教的最後審判日有關。「該死」最早是「宣佈審判」之意，但從1325年左右開始，教會再也忍不住了，此字最早用於神學脈絡的紀錄就出現在那一年。

要了解教會如何反對一般人用**該死**做為詛咒，我們必須了解這個議題最基本的領域性：理由非常簡單，就是「你們不能用這個詞，因為它是我們的。」教會認為這種譴責別人該死的詛咒，或者說得更正確些，這種將某人打入地獄永世不得超生的言辭行動，是僅限教會才可行使的。就像我那位安息日會的鄰居所說的，論斷人不是凡人該做的事。普通人若大膽僭越這項功能，將有喪失靈魂的危險。

就算不說別的，這點至少清楚顯示出行動與懲罰的連帶關係：如果你膽敢用「該死」詛咒別人，你自己也會受到譴

責而該死。教會何以拚命保衛他們的勢力範圍，也不難了解。畢竟，讓我們面對現實吧，真正的重點在於，可以譴責別人該死，就等於握有懲罰別人的勢力，而這種勢力正是權力的核心。我們或許可以說，這種做法總比十億元的國防預算來得經濟。而且也不能怪他們相信：一旦放鬆了對責罰的控制，便將是結束的開始。說不定他們想得沒錯。

然而，能看出這一點，也就能看出何以普通人想得到譴責別人該死的權力。畢竟這種事又不需要任何正式資格、特殊道具或裝備，只是簡單的言語行動。一如語言學分類為述行語（performative）的其他字詞，**該死**只需開口說出，就能達成把人打入地獄的意圖。其他這類動詞也跟正式的宣佈有關，如宣佈一對男女結為夫妻，為嬰孩施洗或命名，命名一艘船或一本書，或開一家餐館。只要說出，事情就發生。把人打入地獄是如此容易，所以如此誘人。只需一個經濟實惠的音節[14]，就大功告成。

> 把人打入地獄的權力向來有難以抗拒的吸引力。陰間的火焰、硫磺、煙霧、惡臭，還有那些折磨人的惡鬼，都提供了令人心滿意足的條件，最適合把你的敵人送去那裡[27]。

---

14 此處指的當然是英文的情況。

[27] Montagu, 2001:281.

你甚至不需要知道硫磺是什麼，也能感覺到它的力量。既然它如此吸引人又如此容易，難怪教會的三令五申一直被當做耳邊風。到十五世紀初，「上帝該死」（Goddam）[15] 一字在英文中用得如此廣泛，法文俚語甚至用它來代表英國人。十八世紀後半，法國諷刺作家伏爾泰（Voltaire）在英國住了一段時間，學會了「上帝該死」，用得津津有味。波馬謝（Pierre-Augustin Caron de Beaumarchais）的劇作《費加洛婚禮》（*Le Mariage de Figaro*, 1784）中，一個人物斷言「上帝該死」是英語的基礎。

一七七〇年代，德國哲學家里騰堡（George Christoph Lichtenberg）旅行英國時，曾尖酸地說，如果旅人在一個城鎮聽到的第一句話便是該地的地名，那麼倫敦就會叫做「該死的」[28]。當貝索‧霍爾（Basil Hall）造訪日後將名為夏威夷的那處群島——距庫克（Cook）初次登陸當地約四十年後——一名島民對他的正式歡迎詞是：「很高興見到你！你的眼睛該死！我很喜歡英國人。熱得見鬼了，先生！上帝該死！」[29] 看來，當時**該死**不但歷久不衰，還飄洋過海。

儘管清教徒和貴格會教徒都不用誓詞或詛咒，**該死**還是設法橫渡大西洋，來到了美國東岸，就此一日千里。《新英

---

15 為 God damn you/it（上帝罰你／它該死）的縮減變體。

[28] Montagu, 2001:282-3.

[29] Captain Hall 的旅行回憶錄，引用於 Montagu, 2001:356.

格蘭語言地圖》（*The Linguistic Atlas of New England*）列出一長串該死的委婉語，大部分都以/d/音開頭── dem、dum、dim、deam、dan、dang、ding、dash、dast、dag、dad、drat都是很明顯的委婉語，讓「說者一開始彷彿要說出那個被禁的詞，然後轉向較無辜的方向」[30]，但聽者照樣很了解他的意思。然而，隨著時日漸久，/d/退化了，代用詞變得更多[31]，包括blame、blast、bust、burn、bother'm、bugger、butter、confound、condemn、consarn、condarn、curse、cuss、crump、gast、gum、hang、rat、ram、rabbit、shuck、torment、plague、dunder、tarn。

及至美國獨立革命時期，「tarnal」一詞廣為使用，看似跟原詞差得很遠，但其實不然。隨著時日漸久，「eternal damnation」（永世該死、不得超生）第一個字的弱音節消失，變成「darn」、「darned」、「darnation」和「tarnal」。一份未經證實的報告指出[32]，在2001年，新英格蘭某些地區仍視「去補你的襪子吧」（go darn your socks）為比較適合女士說的情緒字眼。與此同時，「God dammit」也演化成委婉的「dog on it」，然後再變成常用的情緒字眼

---

[30] Jespersen（1962:229），引用於Hughes, 1998:7。

[31] Montagu, 2001:298.

[32] 引用於Montagu, 2001:298.

「doggone」。此詞表面字義與狗相關，離原先遭禁的宗教意義如此之遠，因此禁忌成分幾乎消褪殆盡。

我們談過，委婉語的主要功能是柔化字詞的禁忌度。例如「doggone」的禁忌度就比「Goddammit」低很多。當然，這些禁忌度並非完全固定不變。奧立佛・溫德爾・霍姆斯大法官（Judge Oliver Wendell Holmes）曾說：「字詞不是水晶，透明不變；字詞是活生生思緒的皮膚，其色彩和內容可能隨著使用環境和時機而變化多端。」[33]

因此這方面沒有簡單通用的指南手冊，就像那種教你怎麼清除污漬的書，只消翻查闖禍的污漬（油？酒？血？），書上便會告訴你該怎麼辦。咒罵的規則與脈絡的關係密切得多，這使得咒罵詞比較有彈性、可變化。別的不說，字詞實際的禁忌度取決於主觀詮釋，也取決於說者與聽者的關係，以及該詞使用的社交脈絡。就像先前我們舉過那個跟一群修女在修道院共進聖誕午餐的例子。

我們需要適當的咒罵準則，也需要知道該如何適當回應。比方說，若你打斷同事一串流暢的咒罵，指出這句話「禁忌度是五」，就是很荒唐的反應。正常情況下，正常人不會談論自己談話的方式。所以反幹譙者很喜歡咒罵罐[16]這個非常實際的主意，這種簡單的處罰方式讓大家有公款可以吃

---

[33] Justice Oliver Wendell Holmes，引用於 Dooling, 1996:24。

16 也就是指開口咒罵的人需要交罰金，投入罐中充公。

吃喝喝，也閃避了在咒罵實際發生的**過程中去談及**咒罵的問題。

　　最後，我們永遠不該忘記，社交咒罵很可能含有審美因素。關於馬克・吐溫有個很精采的故事：他常常咒罵，尤其愛用不敬語，這習慣讓他太太很受不了，有一天她便咒罵了驚人的一大串，希望藉此讓他明白她平常得忍受聽到什麼話。他有禮地聆聽，然後淡淡說道：「詞兒是都對了，親愛的，但音樂有點走調。」[34]

---

[34] Montagu, 2001:68.

狗娘養的

為什麼？因為山幹他媽的在那裡啊！
——艾德蒙‧希拉瑞[1]

想想這一點：「男人」的語意領域（semantic field）包含大量詞語，其內包意義多半是正面或中性的（隨手舉幾個例子：guy、bloke、chap、fellow等[2]），但表示「女人」的詞卻主要是負面、充滿性意味，且經常帶有非難的道德色彩，比方：馬子（bird）、娘們（broad）、賤人（bitch）、婆娘（cow）、情婦（mistress）、小妞（crumpet）、母夜叉（hag）、潑婦（shrew）、婊子（strumpet）、丫頭（filly）、老悍婦（battleaxe）、蜜桃（dish）、禍水（vamp）、浪女

---

1 Edmund Hillary（1919-），紐西蘭登山探險家，1953 年與尼泊爾雪巴伙伴 Tensing Norgay 成為全世界首次登上珠穆朗瑪峰的人。此處顯然是戲仿希拉瑞對「為什麼要登山／攀爬珠峰」這類問題的可能回答。

2 這幾個詞意思相近，約略都指「傢伙」，但一如文中所言，含意皆偏向正面。

（tramp）。就連「致命尤物」（femme fatale）追根究底也是侮辱。

兩性之間有兩項極大的語意不平衡，這是其中之一，牽涉到情緒或內包意義的聯想。想想看，「女人」比「男人」容易變成罵人話。「天殺的女駕駛！」跟「天殺的男駕駛」或「天殺的駕駛」感覺不同，不知怎麼的，「女」一字就是讓這句辱罵更加刺耳。很多女人不滿於被稱為「女士」，原因在於如此稱謂暗指「女士」是委婉用語，因為「女人」就是不太好聽。

然而，「男人」和「紳士」就沒有這種潛藏的污名，「男人」本身便足以用做強而有力的中性或正面詞。我們面對現實吧，這詞當然得強壯又正直啊──直到非常晚近，女性主義者指出「男人」一舉排除了一半的人類之前，這詞一直理所當然地代表全人類哪[3]！

第二項不平衡跟意義隨時間改變的模式有關。修斯追溯一百多個代表女人的詞語（他宣稱還有其他詞未能收入這份列表）從十三到二十世紀的演變，發現許多如今只指女人的負面字詞以前意思更廣，且男女都適用。更重要的是，他發現，只有當用途開始窄化、只限描述女性的時候，負面含意才出現。雖然現在看來或許難以置信，但「蕩婦」（harlot）和「破鞋」（wench）曾經不限性別，且當時也尚未貶義化。

---

[3] 這裡是指英文常用man或mankind來總稱全人類。

字詞發生貶義化的過程，在語言學上有個可愛的名字，叫做「惡化語意學」（the semantics of deterioration）[1]。

　　有時候，負面詞義在用途窄化之前便已經存在。想像一集〈這就是你的人生〉（This is Your Life）節目，以「潑婦」一詞的個人歷史為主題，主持人可能會說：

> 　　你最早是一種齧齒動物的名字[4]，然後隨著時日漸久，逐漸發展出很醜惡、很負面的隱喻延伸意義，來自於人們認為與老鼠有關的惡性。人群居處擁擠髒亂、衛生習慣差、不時再來場瘟疫，更為這種發展推波助瀾。你的生涯接著移進下一階段，發展出與惡魔有關的邪惡意義。這時你仍然只用於形容男性。但隨著你的語意繼續敗壞，到十三世紀初，你發現自己開始女性化了。例如喬叟在《坎特伯里故事》（Cantubery Tales）的序中便提到你，用法近似我們今日怒罵一句「賤人」。然後，不知不覺中，你的用途變窄了，只用在女性身上。潑婦，恭喜！這就是你的人生！

　　這現象並不僅限於語言中的性別議題。若我們檢視與老年有關的污名，會發現原來當做委婉語掩飾老年污名的字詞

---

[1] Hughes, 1998:223.

4 shrew一字亦指鼩鼱。

自己也很快染上了污名，因而失去委婉語的特質。「老耄」（senile）一詞原先竟是「老」的委婉語，今日看來很令人驚異。同樣的情況也發生在禁忌話題上，例如死亡：「undertaker」（葬儀業者）一詞的意思一度廣泛、通用得多，但隨著它變成與喪禮和死亡有關的委婉用語，其語意範圍也跟著窄化。污名和禁忌非常有傳染性，輕易就能忘恩負義地附著在字詞上，因此它們的委婉語通常有效期限都很短。基於這個原因，性、生理功能以及死亡，都有龐大的語意領域。

簡言之，每當污名或禁忌重新附著於當下使用的委婉語，該詞就無法繼續使用，需要新的字詞。日前我與人交談時用了「失能」（disabled）一詞，結果對方告誡我該找個「更好」的詞語，這反應顯示「失能」已逐漸步上「殘障」（handicapped）的後塵，我們又需要物色新詞了。難怪我們有多達兩千五百個字詞指男性與女性生殖器！

語言學家，尤其是辭典編纂者，性喜分類，也就是說他們最愛把字詞分成一套一套，大套之下又有小套，然後欣賞這些分類是多麼整齊俐落。修斯拿「女人字詞」如此施展了一番，分出九個範疇：巫婆／母夜叉組，指惡魔般的女人；悍婦／潑婦組，指不自然、具侵略性、像男人的女人，這兩者有所重疊；天使／女神組的女人被視為超乎人類、提供性靈救贖的生靈；其他還包括：做為討喜寵物的女人（小老鼠／小羔羊，以及每年情人節報紙廣告都會出現的各種可愛小

動物）；被詛咒為禽獸的女人（母狗／母牛[5]）；做為可供享用的物品的女人（蜜桃／騷貨[6]）；做為嫌惡對象的女人（髒貨／淫婦）；以及數量佔壓倒性多數的、性變態的女人（娼妓／蕩婦），此類別又與水性楊花／娘們組有所交會。各式各樣任君選擇，多得就像紐約熟食店裡的醬料種類。

比較辱罵詞彙，也能看出兩性之間的語意不平衡。女人咒罵男性時，能使用的字詞範圍有限，大部分——**雞巴、屌頭**（dickhead）和**屁眼**——指的都是對方的人格令人討厭，最多也只是缺乏道德水準而已。一名男性資料提供者[7]不同意我的看法，認為「怪胎」（creep）、「呆頭」（boofhead）和「沒卵葩」（limpcock）更糟得多。然而這些全比不上男性對女性辱罵一句臭屄那樣邪惡狠毒。

我們已經探討過屄本身的各種變化，但在此處談及性別不平衡的脈絡之下，還有需要補充的東西。儘管中古世紀對撒旦和超自然力量的迷信如今大多已成過去，但對一些人而言，屄仍是現代世界中最接近「邪惡」的同義詞。這是一項由來已久的傳統，修斯相當漂亮地稱之為「醜惡事物的女性

---

5 此二詞原文分別為bitch及cow，前文著重其語意，譯為「賤人」和「婆娘」，此處由於分類涉及字面原意，因此採取直譯。

6 此二詞原文為dish（一盤菜色）及tart（水果塔、蛋塔之類的糕點），引申義則分別為「秀色可餐的女人」及「性關係隨便、賣弄風情的女人」。此處為保留與食物有關的分類意義，酌做此譯。

7 informant，此處指為語言學研究提供自己母語資料的人。

化」。我們已經談過，「潑婦」早在女性化之前便已有醜惡、邪惡的內包意義。「母夜叉」原先是以女性形貌出現的妖魔。「噴火龍」先是被魔鬼化，然後擬人化，然後女性化[8]。特瑪岡（Termagant）則是兇暴的神祇，據說為穆斯林所崇拜——這招真不錯，一舉結合了憎女（misogyny）與恐外（xenophobia）心理。

「哈媲」（harpy）是一種半女半鳥的猛禽，污穢又貪婪。「賽淪」（Siren）原先是蛇，後來演化成另一種半女半鳥的生物，用誘惑的叫聲引誘水手送死——頗類似美人魚，不過沒有魚尾巴。「赫銳丹」（Harridan）原是法文的陳舊老詞，在英文中發展出新的意義，變成令人倒盡胃口、母老虎一般的枯槁老女人（好像光說「老女人」還不夠似的）。「浪女」本來指男性流浪漢（如今在某些地方仍用此義），後來變成人盡可夫的女性[9]。類似的例子不勝枚舉。

這個模式仍在繼續。第五版的《柯林斯辭典》（2003）收錄了「燒兔子的人」（bunny burner）這個詞，指心理狀態不穩定、跟蹤其男性受害者的女人。此詞源自1987年的性政治懸疑電影《致命的吸引力》（*Fatal Attraction*），片中葛

---

8 西洋的dragon與中國的龍無論外型、含意、聯想都大相逕庭，是一種為惡的神話動物。如今亦可用來指（兇惡、老醜的）女性。

9 tramp既有流浪（漢）之意，中譯便取其「浪」字。在此也可看出中文與英文同樣有性別不平衡的詞義問題：指男性的「浪子」雖不算純粹褒獎，但其實有某種風流不羈的類似正面意義，但「浪女」則只有性關係雜亂的意思。

倫‧克蘿絲（Glenn Close）的角色煮了一隻寵物兔。這部片子可以讓你同時對一夜情和兔子都退避三舍。

有人提出，支撐「娼妓」與「天使」這兩大原型的，是根深蒂固、充滿宗教意味的兩個角色榜樣：夏娃和馬利亞。這兩個女人（或者我該說「女士」？）提供了「女性性格的對立榜樣」[2]。一面是夏娃——不聽話，腳踏大地，肉感而具誘惑力，讓人聯想到罪惡、受苦、罪咎與羞恥——另一面則是馬利亞——順從，虛無飄渺，純潔無瑕，是救贖的媒介與象徵。

夏娃是不純潔的情婦形象，與人類墮落的神話緊密地相連，對她而言，懷胎是種悲傷的詛咒[3]。馬利亞是純粹的母親形象，是潛能無限的恩典工具，對她而言，懷胎是神恩的來源。修斯提出，這兩個原型在耶穌釘十字架的場景合而為一，由墮落的抹大拉的馬利亞代表，她是「傷感的」妓女，而「傷感的」（maudlin）一詞正是「抹大拉」（Magdalene）的變體，其意義則與淚汪汪的悔罪相關。此種二分法在許多其他場景也一直出現[4]。

當然，隨著基督教會權力式微，其對罪惡、罪咎、受苦、告解與救贖的原始概念影響力也減弱，使處女／娼妓這

---

[2] Delaney (1974)，引用於 Hughes,1998:218。

[3] Hughes, 1998:218.

[4] Summers (1977).

兩種極端之間的緊繃關係趨於緩和。潔曼・葛瑞爾等女性主義者為提高大眾意識所做的努力，無疑也起了推波助瀾的效果。

但是，彷彿咒罵語言裡大量辱罵女人的詞還不夠，男人不僅在直接詛咒女人或談到女人時使用這套憎厭女性的彈藥，連罵男人時也不放過。「狗娘養的」和**幹你娘**都繞道透過女性來達成言詞暴力。我們不禁納悶，透過父親或兄弟或兒子來詛咒男人難道就不夠冒犯嗎？但「雞巴養的」或「幹你爸的」就是不夠力，對不對？它們缺少了有效咒罵詞那種**難以言喻**的味道。

有時候，努力把女人加在咒罵句裡，會出現頗奇怪的結果。我一位女性朋友在墨爾本一處公車候車亭看到「你媽吸死狗的精」這句塗鴉。眾人都認為這位朋友世故、老練，沒什麼事物會使她震驚。她向我保證，當時她讀到並不覺得被冒犯；然而過了四十多年，她仍然記得這句子。她不保證句子完全正確無誤，相當懷疑原句中有沒有「的」字。

若女人納悶男人何以把這麼多惡毒字詞用在她們身上，也情有可原吧。當然是憎女心理作祟，但這種心理從何而來？有個概念相當吸引我，主張男人本質上對女人抱著曖昧模稜的態度：一方面有種離心力，希望逃脫女人（母親、妻子、小學老師）的掌控；另一方面，又有種睪丸酮驅動的、鮮少減退的向心力，追求性滿足。「女人應該有乳無口」[5]這句話，據稱出自古魯丘・馬克斯[10]之口；雖然是玩笑，但

此言與其說描述女性，不如說對男性心理有更多揭露。

　　這種下半身思考的心態——如果光鮮亮麗雜誌說的話可以相信——宣稱年輕男人每五秒就冒出一個關於性的念頭。那麼，男人只要想到女人，不管負面還是正面念頭，似乎總是充滿「性」趣，或許也就不足為奇。瑪格麗特・愛特伍（Margaret Atwood）曾指出，男人用性相關字詞當做侮辱也當做誇獎 [6]。男作家的作品常被稱讚為「帶種」，女作家的作品也可被稱讚為「帶種」，但何時有誰稱讚過女性（或男性）的作品「帶奶」？

　　D・H・勞倫斯認為，文藝復興時期肆虐英格蘭的梅毒讓男人如驚弓之鳥，怕透了性病，而這點很方便用做嫌惡女人的藉口。但他倒似乎忘了，這種事是一個巴掌拍不響的。另一套解釋則認為，這種畏懼加厭惡／吸引力的拔河，原因在於陰道是隱蔽的，而隱藏則造成神秘感——唔，不過中耳就沒有神秘感啊。但如果從隱蔽到神秘只有一步之隔，那麼從神秘到邊緣也只有短短一步，接著就從邊緣變成邪惡，從

---

[5] Groucho Marx，引用於 Dooling, 1996:93。

　　（譯按：此處原文 Women should be obscene and not heard，是拿俗話說小孩
　　[或其他階級地位較低的人] 應該有耳無口 [should be seen and not heard] 來開
　　玩笑，obscene [猥褻] 與 seen [被看見] 二字發音很接近。此處姑按「有耳無口」
　　一語暫譯為「有乳無口」。）

　10　Groucho Marx（1890-1977），著名諧星「馬克斯兄弟」之一員。

[6] Atwood (1982:198)，引用於 Hughes, 1998:209。

邪惡變成畏懼[7]。

從其他社會與政治不平權現象的脈絡看來，比較可能的原因似乎是，憎女心理是整體心態的一部分。事實上，修斯對性的歷史語意學做了全面研究之後，遲疑達成的結論是：男人用在女人身上的難聽詞語之所以長久、大量、佔壓倒性優勢，根本上是「一種群眾心理語言學現象」[8]，不受整體社會發展影響，也不會有相應的變化。

研究咒罵與性別時，經驗探究和門外漢語言學都關注兩大議題，一關乎量，一關乎質：前者是男性與女性咒罵次數的相對比例，後者是男人和女人實際用來咒罵的詞語。

讓我們從量開始。歷史上有很多資料，顯示男人比女人常咒罵。蒙特古研究古希臘的咒罵，說荷馬《伊里亞德》（*Iliad*）的眾英雄一定都咒罵過，「因為他們只是阿兵哥，而阿兵哥向來都會咒罵。」[9]這點聽來頗有真實性，就算只考慮「像阿兵哥一樣滿口咒罵」這個片語。但蒙特古採馬克思主義觀點，認為自古以來士兵和水手特別專精咒罵的藝術，是拜壓迫所賜。換言之，咒罵能「舒緩受困的精神」。

世界大戰無意義地屠戮大批士兵，造成大量咒罵也就不足為奇。生理心理的壓力，痛苦與匱乏，清一色男性的環

---

[7] Kidman (1993)，與Cliff Goddard的私人通訊。

[8] Hughes, 1998:228.

[9] Montagu, 2001:23.

境，發洩於戰役的重重憤怒與挫折——加起來創造了咒罵蓬勃發展的理想條件。一份報告宣稱，「士兵將**幹他媽的**用做形容詞，修飾其字彙中幾乎所有名詞。」[10] 不管從哪個角度看，這都無可非議。早期研究猥褻語言的作家艾倫・沃克・里德（Allan Walker Read）說，一個國家既然做得出把年輕人送去殺人和被殺這種事，那麼應該也不會對幾個字詞大驚小怪[11]。

也有人指出，在這種情況下，咒罵頗類似祈禱。禱詞和咒罵詞都是向一個更偉大的存有而發，要求更多火力也好，希望保住性命也罷。翻過壕溝衝進敵軍火網的士兵會盡其所能高聲吶喊[12]。一名老兵說，一半的人會祈禱，另一半的人會咒罵。

男性咒罵多半在公開場合，這有助於研究咒罵的性別差異。然而，就算考慮到荷馬之輩比較可能記錄男性主導的活動如戰爭，而非女性主導的活動（維護身體、靈魂、王國及下一代的健康），但女性並沒有任何不利於咒罵的天生條件使其無法與男性平等。無論從神經、身體結構、生理機能來說，咒罵的構造都是兩性相同的。

哭泣之於男性亦然。男性並沒有任何先天條件會使哭泣

---

[10] Dooling, 1996:9.

[11] Allan Walker Read，引用於 Dooling, 1996:10.

[12] Montagu 將此語列為出自 Kingsley Amis，Montagu, 2001:328。

變得較艱難或較不自然。對此，杜林可能會表示異議，又或許他底下這段話只是誇大其詞：「由於男人天生無法好好大哭一場，當他們面對……逃跑、哭泣或戰鬥這幾項選擇時，咒罵不失為一種方便的折衷方式。」[13] 我沒找到任何直接或間接證據顯示動情激素與流淚有關，然而，除了跨文化的差異之外，男人似乎總是比女人少哭。咒罵（對女人而言）和哭泣（對男人而言）的類似之處在於，兩性被社會化，做出社會視為適宜的行為。

在幾乎所有情形下，惱怒或挫折到極點的女性掉眼淚都比較不會引人非難。女人的眼淚有兩個好處。單從哭泣者的角度來說，眼淚提供了生理與心理的立即緩解，發洩積壓的情緒。一個頗說得通的論點宣稱哭泣會釋放一種「自然麻醉劑」，這就是哭完後心情會變好的原因。

第二個好處比較有社交性：眼淚向在場的任何旁人顯示了哭泣者的心理狀態。就旁人的反應會受眼淚影響這一點而言，哭泣可說是一種社交事件。事實上，有些場合人們預期女性應該哭泣，若這預期落空，該女性便會受到懷疑和敵視。在那件著名殺嬰案中被冤枉指控的琳蒂‧錢伯倫[11]，沒

---

[13] Dooling, 1996:8.

[11] Lindy Chamberlain 為 1980 年轟動澳洲的失嬰／殺嬰疑案之核心人物。她堅稱女兒阿莎莉雅在露營地被澳洲野犬拖走，但 1981 年與其夫雙雙被判殺人罪；後由於與其說詞相符的證據陸續出現，法庭於 1988 年取消其有罪判決。此案並曾改編成電影《暗夜哭聲》（*A Cry in the Dark*）。

能在大庭廣眾下為失去嬰孩阿莎莉雅而哭，這點可能對她造成無法彌補的損害。

現在讓我們想想男性咒罵的功能與好處。從咒罵者的角度來說，這可以帶來立即的清滌效果，釋放情緒。在憤怒的脈絡下——公路發飆[12]是個很好的例子，不過任何一種發飆都行——咒罵讓暴烈的精力得以發洩，否則那股精力可能會轉變成肢體攻擊。但是，一如女性的哭泣，男性的咒罵也有社交功能，讓附近其他參與者／旁觀者知道咒罵者的狀態，可以由此選擇適合的回應。回應可能是語言的，比如說出安撫勸慰的話，以息事寧人；或者可能是非語言的逃避，比如關上車窗踩油門。此外，咒罵這種象徵暴力也可能招來對方回敬，或者進一步演變成肢體攻擊。

我知道以下這段說法會洩漏自己的性別，但我仍忍不住覺得，如果雙方——公路發飆者和被發飆者——都大哭一場，說不定大家都能比較容易也比較迅速地發洩精力，達成和解。當然，國際衝突亦可比照辦理，不過這樣一來軍火業可就不樂意了。

社會史和文學作品顯示，女人在公共場合遭遇負面情緒時，社會化的因素會促使她暈倒或哭泣。蒙特古主張，哭泣這項資源使咒罵變得不必要，此論點得到另一項反向論證的

12　road rage，指「汽車駕駛對於路上碰到的事件（如被超車、遭到擦撞）出現比一般情況暴烈許多的情緒反應」此一特殊現象。

支持——妓女據稱是咒罵高手，而且不會哭泣，至少哈姆雷特那段激切的獨白是這樣說的[14]。一旦可以咒罵，是否就不再需要哭泣？

這個論點十分對稱工整——咒罵率高，哭泣率便低。不過我個人對此比較謹慎，若沒有真實語句的資料可供佐證，還是不要對妓女（或任何人）的行為一概而論。如果夜裡討生活的女子確實特別偏愛咒罵，難道不是因為她們常與不好惹的男性為伍，且在這一行，擺出強硬難纏的樣子可能攸關妳是否活得下去？

也許這只是韌性的另一個面向。韌性，或者說「後天習得的生存技能」，是一些參與研究的女性對女性咒罵實例的詮釋[15]。何況我敢說，鮮有男人有立場可以猜測妓女獨處或身在只有女性的環境時為何或如何流淚。

另一方面，當代女性較常咒罵，也較少在人前哭泣，這兩項事實或許能支持蒙特古的論點。毫無疑問，女性在公眾場合暈倒的年代早就過去了。昏暈（swoon）一詞無論用做表示昏倒的名詞（「她一陣昏暈」）或動詞，在辭典裡都標示為「文語」或「舊語」。一旦字詞的用途進入這些範疇，能找到它的地方就不多了，其中之一是古裝小說。

我想我們大多都能同意，在這新千禧年的第一個十年，

---

[14] Montagu, 2001:87.

[15] Tylor (1997).

女人昏暈得少了，咒罵得多了。然而，女人是否跟男人咒罵得一樣多？人們確實相信男人咒罵得較多。事實上，有許多門外漢語言學看法廣為流傳：男人比女人常咒罵，數量和強度都較高；男人比女人更能輕鬆咒罵；社會態度比較容許男性咒罵；咒罵的女性比男性更會受到負面評判。

　　過去三十年來，這些看法受到各式實際檢驗[16]。現在我們知道，雖然統計數據顯示男人傾向比女人常咒罵，但性別差異遠不如門外漢語言學認為的那麼明顯。近期一份關於男人、女人及語言的研究指出[17]，研究中唯一清楚浮現的實證是：許多世紀以來，人們始終相信女人講話的方式應該跟男人不一樣。但應該顯示的只是規範性（prescriptive）的看法，而非實際的言談模式。

　　資料難以收集，影響了研究的進行。咒罵大部分發生在非正式場合，或發生在自然而然的情境如公路發飆，前者研究者很難進入，後者則很難預測（至少目前如此）。然而有一項結果一再出現，那就是咒罵已不再是男性的特權了[18]。

　　四十多年前，羅斯（Ross）做了一項非常有意思的實驗，研究壓力與咒罵之間的關係[19]。該實驗雖然環境條件

---

[16] Kidman, 1993, Section 5.1.

[17] J. Coates, 1998, *Language and Gender*.

[18] Kidman, 1993, Section 5.1.

[19] 這項實驗在Montagu, 2001:87-9中有若干討論。

相當局限，但卻極具重要性。一支由大學探勘隊前往挪威境內的北極圈，成員有八人——五男三女，七人是動物學家，一人是心理學家。其中三人被視為非咒罵者，其他人的咒罵則偏向瀆神而非猥褻，這點部分可能因為他們出身中產階級，部分也可能因為成員有男有女。

實驗中發現兩種咒罵，分別被稱為「社交」及「惱怒」。在低壓力或無壓力的條件下，當受試者放鬆而愉快時，其咒罵是社交性的，呈現「我們是一夥的」團結導向行為。探勘期間大部分的咒罵都是社交咒罵，而由於這種咒罵有傳染性，會相互加強，所以必須有意氣相投的其他咒罵者做為聽眾，才能蓬勃發展。

探勘中途，半數成員（包括那三名非咒罵者）另到一處進行研究。留在原地的成員的咒罵率立刻倍增，且一直保持得很高。咒罵活動的增加加強了團結感，顯然彌補了團隊成員半數不在的缺憾。也許他們直覺知道，自己必須咒罵得更賣力，才能彌補人數的不足。此外，也許他們先前在非咒罵者的面前比較自制。

除了非咒罵者在場之外，還有許多因素會遏阻社交咒罵。有陌生人在場，缺乏適合的聽眾，或團體中有男有女，這些因素個別或聯合起來都能限制社交咒罵。該探勘隊的男性成員比女性早到一星期，在那個星期裡，他們經常友善咒罵。然而女性抵達後，咒罵率便降低，不只是因為男性成員覺得在女性面前說話應該檢點，也因為已形成情誼的團體中

又多了新的未知數。在這項研究中，性別因素不如是否為咒罵者這一點有影響力。

「惱怒」咒罵則是完全不同的一個類別，發生在低壓力至中等壓力的情況，無論有無聽眾都照樣發揮功能。當壓力和惱怒咒罵增加，社交咒罵便減少。當壓力繼續升高，社交咒罵完全停止，惱怒咒罵則持續增加到某一個程度，然後開始下降。在高度壓力的情況下，咒罵完全停止，眾人根本很少開口說話。由此可推論：在中等壓力的情境，惱怒咒罵其實顯示了「情況令人不快，但尚可忍受」[20]。

當然，不見得一定要搭上又冷又漏水的船（好吧，漏水這部分是我自己辦的），大老遠跑到挪威境內的北極圈，才能發現咒罵是一種應付並抒解壓力的策略。底線在於：如果你擔心不知哪個被裁員的員工會拿著半自動步槍回來掃射辦公室，那麼該小心的對象是那些安安靜靜不咒罵的人。在某個程度上，我想我們都知道這一點。

接下來數十年間，關於性別與語言的研究都針對特定、特殊的範圍。提摩西・傑探查性別差異，把性別限定的侮辱整理成一份小辭典。他將咒罵詞分成侮辱男性及侮辱女性，然後從語意學角度分析其使用模式。簡言之，兩性咒罵的方式各有不同，但共同點是，其侮辱所針對的都是偏離文化預期或常規的行為或特徵。

---

[20] Montagu, 2001:88.

男人對女人的侮辱字詞分成五種範疇。**屄、淫婦**和**娼妓**罵的是對方不檢點、性關係紊亂。**逗人上火的**（tease）、**逗雞巴的、逗屄的**和**逗老二的**則是罵對方不肯實現親密性關係的承諾。**菸屁股**[13]、**狗**和**巫婆**用來罵被男人視為缺乏性吸引力或社交能力的女人。**賤人**是唯一一個用在女人身上但不針對其性態度的詞，專門用來形容被認為不合社會規範、狠心或過於苛求過度高壓的女人。此詞被女人用來罵女人時，針對的是個性或社交問題，而非性身分認同。

　　侮辱男人的字詞也可以邏輯地細分。**幹你娘**一直是美國男人對男人最嚴重的冒犯。傑說：「這個詞冒犯的範圍包括性、社會和家庭。一個侮辱詞能做到這樣，說者夫復何求？」[21] 在傑的研究中，除了被人說他幹自己的母親之外，男人最忌諱自己的異性戀氣魄受到質疑。諸如**舔老二的、酷兒、玻璃圈的、相公、軟腳蝦**和**娘娘腔**等詞，都達到這個目的，且跟**幹你娘**一樣，大多是男人對男人的侮辱。

　　第三個範疇包括**王八蛋、雞巴、屁眼、狗娘養的**和**老二**，針對的是缺乏社交能力、不在乎別人、自我中心、刻薄無情。這些詞可以男人用來罵男人，也可以女人用來罵男

---

13 原文為scag，此字在所有能查到的出處皆列為「海洛因」的俚語說法，而其早期字義則為「菸蒂」，但並無任何資料顯示有負面指稱女性之意。疑為scrag之誤，此字指缺乏吸引力的醜女，或可譯為「恐龍」。

[21] Jay, 1992:178.

人。第四類包括**怪腳**和**混蛋**等詞，強調缺乏社交能力或社交吸引力。最後一類——**大男人、種馬、色狼**和**花花公子**——是女人用來描述玩弄女人的男人，他們可能生理上和社交上都具吸引力，但自私、不老實、性慾過旺，缺乏同情心、親密度以及那個大Ｃ——承諾（commitment）。

傑的結論相當一概而論，表示「男人和女人對愛以及……愛情關係的定義不同。男性看重的是肉體吸引力和親密性關係，女性則尋找承諾、關懷或個人友誼。」[22]

以常識角度思之，男人應該比女人常咒罵，因為咒罵關乎權力，而一般說來男人握有較多權力。社會預期女人自制，男人失控發脾氣則比較不會遭到非難。如果你不相信性別、權力和咒罵有難分難解的關係，就想一下這三者同時出現的脈絡。性騷擾主要是權力的副產品，通常由「有權力」的男人騷擾「從屬」的女人[23]。是的，有些有權力的女人會騷擾男人（或其他女人），但位高權重的女人比男人少得多，因此施行騷擾的女人也比男人少[24]。

暴力犯罪統計數字的男女比例，清楚顯示出男性的暴力傾向。但隨著社會變遷，女性進入以往專屬男性或男性獨大

---

[22] Jay, 1992:179.

[23] Jay, 1999:165.

[24] 講得大膽露骨一點，有些人或許會說我們生活在一個「陽具中心的老二主（譯按：原文cockocracy，為仿democracy [民主] 一字所造之字，指唯男性生殖器是尚的體制。）體制裡」（Taylor，引用於Hughes, 1998:206）。

的行業，規則也隨之改變。女人被容許更常咒罵[25]——以致於評論家羅莎琳・考華（Rosalind Coward）宣稱「現在女人講話是認真的髒了」[26]。隨著女人對職場法規有了發言權，女人逐漸較不自制，而男人則被要求更自制。

當然，某些男性專屬的脈絡仍是禁區，自有其規則。在酒館和更衣室，開黃腔是社會關係的潤滑劑，說者口無遮攔，尤其是酒精助興的情況下。這些地點也是一種象徵，象徵逃離批評、譴責或控制這類髒話的人——主要是母親、女友、妻子和小學老師　　的限制。但這些僅限男人的庇護所的門如今關上了，現在女人也可以成群結隊自在出遊，創造出她們自己的語言安全庇護所。

在若干運動的比賽場上，語言限制也被撤除——籃球的「痛宰之談」（trash talk）、板球的「海扁」（sledging）[27]。此處刻意為之的意圖在於冒犯並嚇唬敵手，使比賽變成轉移暴力情緒的儀式脈絡。總比打仗好。

若說男人較具暴力傾向，那麼想來可能也有較多憤怒卻無能為力的經驗，然後把怒氣轉而發洩在他們認為比較弱——也就是比較無法報復——的對象身上。此所以男性咒罵

---

[25] 對年輕人言談的相關研究，一個好例子是 Vincent (1982)，引用於 Eckert & McConnell-Ginet, 2003:181-2。

[26] 評論家羅莎琳・考華寫於1989年的 *New Statesman and Society*，引用於 Hughes, 1998:211。

[27] Eckert & McConnell-Ginet, 2003:183.

傾向於針對女人和其他種族 [28]。若說這點暗示某些男人暴力、咒罵、狂怒的失控行為其實出於懦弱，那麼也許我該慶幸他們當中大概沒幾個人會讀到這本書。

這類觀點並非基於實際經驗，所以是門外漢語言學。許多研究各自產生大大不同的結論，無疑是受到採樣限制、研究脈絡以及──恕我斗膽──研究者本身信念及看法的影響。基曼的結論是：澳洲的咒罵率兩性皆同，男人與女人對同樣字詞的意義認知相同，且社會發展使兩性較為平等，也使兩性同樣都能咒罵 [29]。

澳洲片《蒂許與楚德》中有大量證據，顯示性別無礙咒罵，或至少在兩名女主角蒂許與楚德所屬的年齡層（二十幾歲）與階級（低）絕對是如此 [30]。該片屬於「某某人生命中的某一天」類型，主角是兩個失業潦倒的年輕女子，住處破舊失修，過著「郊區經驗底層」的生活 [31]，周遭充滿污穢與漠然，使用的語言也與此相應。在一段或可勉強稱為「朋友交談」的對話中，髒話成了悶哼、猙吼和絕望之間的標點。事實上，她們的咒罵是如此廣泛頻繁，可說沒有任何

---

[28] Richard Walsh 致筆者的私人通訊，2003 年 6 月。

[29] Kidman, 1993, Section 5.1.

[30] 2003 年上映，導演 Melanie Rodriga，編劇 Vanessa Lomma，改編自 Wilson McCaskill 的舞台劇本。

[31] Sandra Hall 對《蒂許與楚德》所做的影評，刊於《雪梨晨報》，2003 年 9 月 18 日。

事物能夠阻擋。

　　我算過，電影前二十分鐘約出現七十六次咒罵，幾乎全是女性對女性，且大部分都有小孩（蒂許的兒子肯尼）在場。小孩是其中十四次咒罵的直接對象，內容則以「閉嘴」和**屄**較多，**幹**較少。至於女性對女性的咒罵，字詞的選擇模式如下：

> 二十次幹（包括變體如幹他媽的和幹你的）
> 九次屎（包括大便）
> 五次屁股（包括變體如豬屁股）
> 加上尿、天殺的、耶穌、賤人、神經病、婆娘和王八蛋各數次

　　為數不多的咒罵關鍵詞發揮各式言辭功能，主要表達氣惱與憤怒。有幾次社交咒罵。用在小孩身上時，咒罵則是一種（不成功的）控制方式。一名評論者說該片腳本「充滿四字詞，索然無味。彷彿貧窮使她們沒有能力組出正常的句子。」[32]

　　在這段《蒂許與楚德》的採樣中，屄的缺席顯而易見，顯示使用率的不平等。看來此字主要仍是男人用來稱呼或形容女人。軼事證據顯示女人確實會用此字來稱呼或形容女

人，但鮮少用在男人身上。換言之，某種程度的「醜惡事物的女性化」仍在繼續，不管其他方面已有哪些進步──如托兒機構增加、企業高層的女性變多等等。

　　但在美國進行研究的傑的結論則是：男人比女人更常咒罵，使用的咒罵詞不同也更具冒犯性 [33]；男人開始咒罵的年齡較早，習慣一直持續到老年。就社會層面而言，男人較能自由展現具有敵意及侵略性的言語習慣。此外，性語意學（sexual semantics）的性別差異影響性言性語（sexual talk）的每一面向，從相互逗弄取笑，到講笑話，到言語拚鬥、言語騷擾和侵犯皆然。他寫道：「一如對待愛情，男人和女人（咒罵）的方式不同……看這世界的眼光不同……侮辱和罵人的語言支持一項觀點，即我們對什麼事物能挑動人心、人腦的看法各有不同。」[34]

　　在一份有趣的比較研究中，傑以十年為期，研究公共場合的咒罵，結論是咒罵模式──與地理、性別、在場者是否包括男女兩性有關──出人意料地穩定，唯一的變化是1996年的女人比1986年更常在公共場合咒罵[35]。

　　他的研究內容包括男廁與女廁的塗鴉文字，發現男廁的塗鴉比女廁更具性意味、較不為社會接受、更種族歧視、更

---

[33] 傑的此一結論是基於他在美國做的研究（1992, 1999）。

[34] Jay, 1992:181.

[35] Jay, 1999:166-7.

恐同、較不浪漫。這並不令人意外。他最後的總結是：「人類有男女兩性，但性別認同複雜得多，並非只在於生殖器官的不同。」[36]

澳洲的艾美・庫柏（Amy Cooper）觀察在女性可聽見範圍內的男對男咒罵，指出，坐在公共場所長凳上的年輕男子若看見女孩經過，「這些男孩會盡可能伸長四肢，大聲互相侮辱」[37]；英國的珍妮佛・寇茲（Jennifer Coates）則宣稱，處於同性團體的男人，其咒罵次數是女人的三倍，但若在場者兩性皆有，男女咒罵的頻率都會大幅降低。

南非的研究結果比較接近澳洲[38]。薇薇安・克拉克（Vivian de Klerk）的研究顯示，沒有什麼證據支持「女人與男人談話方式不同」這種廣為流傳的看法，非標準言談的範圍尤其如此。她認為，女人不會咒罵的這種刻板印象隨年齡而破除。更重要的是，存在於詞彙的傳統偏見（英文侮辱女人的字詞比侮辱男人的多）並不一定同樣反映在個別說話者腦中的詞彙：她採樣的女性咒罵者所知道罵男性的詞就比罵女性的多。此外，關於歷史性的語意不平衡，克拉克指出很多辱罵女性的詞語事實上都已過時。這點言之有理——你上一次聽到女性被罵「蕩婦」是什麼時候的事？

---

[36] Jay, 1999:166.

[37] Amy Cooper, *Sunday Life*，2004年4月4日，頁10。

[38] De Klerk, 1992.

儘管性別與咒罵之間的關係仍無定論，也缺乏決定性的實際經驗資料，但有些作者對此一主題並不存疑。如杜林便指出他認為很重要的一項性別差異：在工作場所被人用髒話騷擾的男人會與咒罵者針鋒相對，「直接了當叫對方去幹他自己」，而同樣處境的女人則比較可能提出正式申訴[39]。

　　然而，儘管杜林這些刻意誇大、成竹在胸、黑白分明的論點很吸引人，分析到最後，我還是比較贊同把咒罵、性別與人生的混亂複雜之處列入考慮的詮釋。其中一例是一份研究報告，以「語言學家群組」（The Linguist List，語言學家在此網路群組中提出並探討專業相關主題）的互動為本。其中一個主題是「粗魯否定語」（rude negator）[40]——「見鬼」／「才怪」／「她有個屁」——也就是用來表示強烈不同意某觀點的詞語。

　　蘇珊・賀林（Susan Herring）指出，在該主題的討論中，發表意見的男性遠多於女性。她對發表意見者做問卷調查，發現女性並不比男性討厭此一話題，這使她對發表意見者的性別模式更感好奇，並提出兩個假設。第一個假設是「快速反應」，認為基於種種原因，男人會更快對／以電子郵件做出回應。這跟使用科技的管道有關，也跟男人更願意以公共語態（public mode）分享「第一印象」有關。地位高低

---

[39] Dooling, 1996:5.

[40]（LINGUIST@TAMVI.BITNET. 2003年6月，第5週）。

狗娘養的　　189

的分別也有關係：男人的回覆率接近地位高的一群，女人則是地位低的一群。

賀林的第二個假設是「性別論述差異」，認為參與網路討論群組偏向男性論述風格，面對面與朋友、家人和其他非語言學家討論這些話題則比較偏向女性論述風格。此外，「粗魯否定語」所用的身體部位偏向男性[14]（這類用詞完全沒有女性等同語，例如「他有個卵巢」／「他有個奶」），也使女性對該討論串「青少年男性情誼」調調的回應有些疏離。顯然，性別與咒罵之間的關係複雜得多，不是數數有幾個「屎」和「幹」就行。

男人是否比女人更常咒罵？使用的咒罵詞是否不同？兩性是否仍受到不同的社會限制？門外漢語言學陣營的看法十分簡單，令人滿足……但不是非常可信。研究陣營的看法顯示情況依環境各有不同，複雜得讓我們渴望回歸直覺。

要了解性別議題脈絡下的咒罵，並非計算比較女性和男性使用的字詞數目，或將女對男的詞語和男對女的詞語加以對照這麼簡單。我們必須了解性別並非完全與生俱來，更是後天的養成，也並非固定的一套，而是經由不同時刻、不同互動的累積建構，長時間在個人和集體層面發展而成。

但語言的選擇也形塑我們對外界呈現的性別認同。一個偶爾咒罵的青少女，是在同時有意識和潛意識地決定自己的

---

14 此處指英文的情況。前文「見鬼」一詞原文為bollocks，是意指睪丸的俚語。

語用風格，咒罵只是她將呈現在社會上的人格的許多面向之一：

> 每一次選擇咒罵或不咒罵，之後的選擇都會被先前的經驗影響——當時別人反應如何？事後自己有何感覺？……這種事不是在真空狀態中決定，而總是涉及我們的語用社群，是社群中的集體決定[41]。

初試啼聲的十幾歲女性咒罵者，在話中偶爾穿插咒罵詞的同時，可能達成了好幾個目標——自主於給她的世界訂規矩的成人之外，或刻意將自己跟她視為書呆子或乖乖牌的人加以區分。她這麼做或許是模仿某個她崇拜的大人，也許是媒體名人或流行歌星。她或許認為咒罵很酷、獨立、強硬、特別。她或許是在推擴界限。

每一次修改自我，她都刻意根據自己所處的社會環境加以調校；而她的舉動也會反過來形塑這個她和其他人將繼續據之衡量自己行為的整體環境。於是，以女性主義觀點言之，一個青少女的一小步可能變成全體姊妹的一大步。

從前女人曾被排除在男性環境之外，號稱是為了保護她們那據說纖細的神經不受咒罵污染。最能代表這種行為的說法，莫過於那句傳統又父權的：「我們很願意雇用妳，但這

---

[41] Eckert & McConnell-Ginet, 2003:307.

裡髒話太多了。」[42] 然而，過去幾百年來，愈來愈多女性進入一度曾專屬男性的領域，這種態度也不得不隨之改變。

　　例如二次大戰期間，同盟國的戰爭工業雇用了大量女性。費城一間飛機工廠就掛著一個牌子，寫道：「請勿咒罵。可能有紳士在場。」[43]

---

[42] Thorne & Henley，引用於 Jay, 1999:165。

[43] Montagu, 2001:87。Montagu 所列的出處為費城的 *Evening Bulletin*，1942 年 9 月 16 日。

天生我材必有髒

幹他媽的誰會發現？

——理查‧尼克森

　　咒罵具有文化特定性，這點應該不令人意外。嬰孩一出世就具備學習語言的能力，這是他們接下來約七十五年人生中最重要的一項學習與成就。他們所做的任何其他事，從咖啡店假日打工受訓到攻讀火箭科學博士，重要性都比不上學習母語。是語言使幾乎其他一切學習成為可能。是語言使人之為人。

　　不管父母是曼哈頓銀行家還是因努伊特[1]漁夫，嬰孩學習語言的能力舉世皆同。事實上，後者小孩的學習條件可能更佳，因為空氣可能比較新鮮——也就是說含氧量較高。然而，嬰孩學習的內容則取決於在該環境運作的是哪些字詞，包括一般的「好」詞也包括「壞」詞。紐約銀行家的小孩聽

---

[1] Inuit，愛斯基摩語言的一種分支。

到的是 shit（也許在交易不順的一天），法國小孩聽到的是 merde，日本小孩聽到的是くそばば。我手邊沒有因努伊特辭典，但你一定明白我的意思。

他們聽到什麼，便學習什麼。除了字詞，他們也會學到使用這些字詞以達成各種目的的文法。一開始，這些目的都相當直接了當、可以預測——食物，睡眠，乾淨尿布，看電視上的兒童節目——但進展得很快；要不了多久，小孩就能說出一套頗為完備的論點，陳述為什麼該讓他過了上床時間還不睡覺。

隨著文法而來的是對文化的了解，其中很大一部分是語用知識，也就是什麼時候、跟什麼人、用什麼方式說什麼話的規則。在一個正常普通的孩童身上，此番大量學習的副產品之一，就是咒罵。孩子浸淫在行動脈絡中，很快就學到語用知識。例如：媽媽在家跟爸爸講話時會說 merde，如果她認為會被小孩聽見的話便說得比較小聲，但她從不跟客戶、晚宴賓客或姻親這麼說，尤其是奶奶在場的時候。

在學習語言種種的過程中，孩童學到了被禁的事物。等到需要咒罵時——這種時刻一定會出現——孩童便從這口禁止之井汲取用詞。一開始，孩童可能會小心地用無聲嘴形說出他們直覺知道「危險」的字詞，但不久便會發現咒罵之後人生照常繼續——有時候還進行得更順。這道理很簡單：行動繼之以反應，而反應又加強行動。就這樣，孩童開始建立咒罵的能力。對孩童而言，髒話與一般字詞無異，直到大人

給那些字詞貼上「髒」的標籤，賦以神奇的力量。

本書進行至此，我希望我對咒罵抱持的態度已經很清楚，就是視之為人類言語行為中一個非常有趣但尋常的面向，跟請別人把鹽罐遞過來，或者打電話到國稅局詢問資訊一樣正常且人性。唔，也許不像鹽罐和電話那麼尋常，因為其中包含禁忌，也因為關於咒罵存在著許多門外漢觀念和偏見。但我的出發點是把它看做一般、普遍且人性的行為，而非令人震驚驚恐、腐化墮落的行為。

將咒罵建構為「正常」的論點很多，其中之一認為，如此一來我們可將之與「不正常」做比較，從而獲得一項很有用的語言學工具 —— 以病態為師。此處我用「病態」（pathological）一詞專指一種神經失調疾病，名為妥瑞症（Tourette Syndrome，簡稱TS）。這是「一種罕見、費解的精神失調疾病，患者典型會有無法控制的肌肉抽搐、臉部痙攣、發出怪聲、重複動作，強迫性的碰觸和無法控制的詛咒，後者又稱穢語癖。」[1]

此處與我們討論相關的只有詛咒部分。TS的這種咒罵行為是如此特定，甚至有其專屬的名稱——穢語癖（coprolalia），由希臘文的kopros（「糞」）和lalia（「閒聊」或「瞎扯」）組成。在1994年的紀錄片《扭動且吶喊》（*Twist and Shout*）[2]

---

[1] Jay, 1999:3.

[2] Laurel Chiten 1994年的獲獎作品《扭動且吶喊》由New Day影片公司發行。
（譯按：Twist and Shout亦是披頭四一首名曲的歌名。）

裡，一群TS患者談論自己的患病體驗，其中有些場景拍出TS穢語癖的實例。一名年輕女子喊道：「幹我的屁眼！」另一人說：「骯髒卑鄙幹你娘的王八蛋。」還有一人排隊站在穿紫色慢跑裝的黑人男性身後時無法控制地冒出一句「紫色黑鬼」──陪同照顧她的人因而大感驚慌狼狽，盡力收拾這類話語造成的後果。

片中這些例子大多取自一場關於TS的會議，此一脈絡或可視為受到保護的公共空間。TS的不幸之一，便是公共場所似乎會引發穢語癖，然而公共場所又是最不能提供體諒或容忍的地方。不需太多想像力也能明白，TS患者很容易──儘管非蓄意──惹上麻煩。

儘管TS本身仍有不少難解之謎，但我們從此病中可以學到很多。顯然，不管是不是TS患者，詛咒都由相同的神經語言機制產生。差別在於，儘管患者和非患者都在特定的社會文化脈絡裡學會所謂的「壞詞」，但非患者有抑制機制，能在思緒變成詛咒之前加以壓抑。TS患者的此一機制出了問題，無法運作，禁忌的思緒無法壓抑，便衝口而出成為咒罵。提摩西·傑寫道：

> TS穢語癖耐人尋味之處，在於顯示出正常咒罵的運作方式。孩童學會冒犯的字詞，然後花一輩子在大庭廣眾下抑制這些字詞。對於正常孩童在「有禮」情境中可以抑制的詛咒詞，妥瑞症患者（缺乏能力）抑制……罹

患TS的孩童，在（他們的）穢語癖發作時，揭露了被禁的心理及文化焦慮。

在《我們為何詛咒》一書中，傑以TS做為理論出發點，將咒罵建構為神經的、個人心理的（人生經驗的），以及社會文化的（在任一特定文化中被禁的事物有哪些）因素核心，這些因素區分了自損型的咒罵（「幹我的屁眼！」）和辱人型的咒罵（「骯髒卑鄙幹他媽的王八蛋」）。傑透過這套他所謂的NPS[2]理論，檢視一般非TS患者的咒罵。

傑的NPS理論中，與我們此處討論最相關的是「S」（社會文化的）。跨文化的咒罵證據顯示出一套幾乎放諸四海皆準的人性通則，其特定細節則受每個團體特有的禁忌所形塑、限制。這並不表示禁忌總會為人遵守，而是說禁忌為一個民族大量提供了有其脈絡威力的被禁概念，這些概念在咒罵時非常好用。畢竟，如果什麼事物都可以容許，要咒罵就很困難了。**幹**的禁忌性質在性革命的一九六〇和七〇年代逐漸消退，並非巧合。也許其中暗藏的原則是：如果某事做之無妨，那麼說之便也無妨。

在其他方面，咒罵也受到文化和語言的形塑。比方咒罵自有其文法，而這文法則取決於說者用以咒罵的該語言本

---

2 即上述神經的（Neurological）、心理的（Psychological）、社會文化的（Socio-cultural）三者的縮寫簡稱。

身。例如以下這個英文句子：「Who *the hell* has been here?」（到底誰來過這裡？）很可能衍生自「Who *in the hell* has been here?」，就像「What the *fuck* are you doing?」（你他媽的在搞什麼？）可能來自「What *in the fuck* are you doing?」在此，一般英文文法規則與咒罵特有的文法限制結合（比方在「hell」和「fuck」之前加「the」），造出合乎文法的句子。

在此，我們必須區分文法正確性和社會正確性。文法正確的句子完全有可能是社會不正確的。但一般而言，不合文法的咒罵可說是禁忌症（contra-indicated），即使不考慮社會正確性亦然。很少有比顯然出自非母語說者之口的辱罵更難聽的話了。也許底線應該是：要是不確定該怎麼講，就用你自己的語言咒罵。音調和語氣會傳達你的意思，而且這樣一來你說的話至少合乎文法——就算不合文法，四周的人恐怕也聽不出來。

因此，語言的文法規則和根植社會的社會文化特性共同決定了咒罵行動的形式、模樣和感覺——不管用哪一種語言[3]。瑞典人說：「**地獄裡**的誰來過這裡？」波蘭人說：「**霍亂的**誰這裡曾來？」匈牙利人則說：「**生病的**誰曾來這裡？」共通的元素是在句子裡插進一個咒罵片語。不同句子各自的獨特風味則是文法（**裡、的**）和字彙（**地獄、霍亂、生病**）的組合。

---

[3] Andersson & Trudgill, 1999:61-2.

所以，拜託，我們可以丟開「咒罵是懶人隨口亂講的話」這種門外漢概念了吧？要生產一個社會不正確、文法正確的語句，跟生產一個社會正確、文法正確的語句一樣需要健全的詞彙文法知識（要是篇幅夠，我還可以提出另一個論點，指出就算咒罵語句不合文法、社會不正確，說者也是有付出心力的。錯誤鮮少是懶惰的結果——不過只要這樣相信，說者之外的每個人就都可以擺脫責任）。

　　www.insultmonger.com這類網站及其「咒罵大全」包含無數語言的咒罵詞（其中一些語言你可能聽都沒聽說過），但只列出清單而沒有跨語言的比較，這一點是有意義的。有意義，但並不令人意外。要做出一份準確、可靠的跨語言咒罵比較，是極度困難的事。首先，很少人通曉自己語言／文化中的所有咒罵，因為任一語言／文化中的成規習俗就跟文化本身一樣多采多姿，以不同方式分佈在社會的許多層級，在不同程度上受到眾多大變數的影響，如年齡、性別、階級、種族、教育程度、社會價值觀等。

　　此外另有一個重要變數，由於沒有更好的詞，我便稱之為「涉入程度」（embeddedness），借用2003年伊拉克戰爭中所謂的「隨軍記者」（embedded journalist）。涉入程度表示一個人被視為社會主流或邊緣的程度。

　　列出一份邊緣元素的清單，本身就很具挑戰性，且取決於你自己的涉入程度[4]！安德森（L.-G. Andersson）與楚吉爾列出的「邊緣人」包括罪犯（離中心最遠）、酗酒者、失

業者和年輕人。我推想，年輕人被列在邊緣名單上，是因為他們還沒找到自己在世上的定位。一旦他們進了法學院，無疑就移到「主流」地位。（想想看：有多少年輕人讀法律是為了改變世界、顛覆體制，甚或建立一套比較公平的司法系統？）

由於跨文化比較咒罵如此困難，因此提供有效且可靠的形式來描述差異，便很有價值。在此我想討論三種形式——文化的、文法的，以及結構的——相信它們能提供詮釋的框架，或許有助我們進行比較分析。最起碼，這些形式讓我們討論不同語言的咒罵時有個出發點。

第一個框架是文化。儘管若干關注主題幾乎是放諸四海皆準，但我們也必須指出，這類廣泛主題的確有各地不同的特定呈現方式。可以想見，說拉脫維亞語的人咒罵起來會跟說粵語的人不一樣。語言的表層特徵通常最為多采多姿，主要因其伴有情緒成分，也因此不同語言乍看之下咒罵模式差異極大。然而我的做法則傾向於尋找共通點。這樣說吧：不管你是告訴辱罵對象叫他媽去跟驢子或山羊辦事，在文化對比上，選擇的動物為何其實並不重要，重要的是其中範圍更大的共通點（或者可說**主導母題**［leitmotif］）：性、侮辱母親，以及獸交。

不過，也有若干團體和文化發展出獨樹一格的咒罵風

---

[4] Andersson & Trudgill,1999:65-6.

格，為人所知。一個很好的例子是所謂「儀式化咒罵」或「儀式侮辱」，許多時空都有這種例子。歷史上稱之為罵戰（flyting）——來自古英文表示「競爭」或「奮力」的字，帶有強烈的責罵或爭吵意義。罵戰是古代日爾曼語系及早期盎格魯薩克遜社會的一個特徵[5]，在英格蘭持續到十五世紀左右，在北方持續得更久，想來是因為該地所受的北歐影響更深。

罵戰是一種對罵競賽。參與者佈餌，相互逗引，使用與性及排泄物有關的光怪陸離詞語，力求技高一籌地侮辱對方，刺激，挑釁，將對手逼向肢體暴力的想像發洩。彷彿有一塊言語空間被圍起來，範圍內可以進行某一種獲得許可的咒罵，可以蓄意且正當地打破禁忌，以公開發洩情緒的方式提供語言和心理的安全閥。以地方觀點視之，這幾乎可算是一種表演藝術，需要自發、敏捷的高段語言功力。以更廣泛的社會秩序觀點視之，在控制的條件下發洩一點情緒，可以避免日後發生爆炸性的災難；這正是政治社會控制手段的「麵包與馬戲團」那句格言中的「馬戲團」部分。

昔日在蘇格蘭，罵戰變成一種娛樂，專門提供給世故精明的觀眾而非自然集結的街頭群眾[6]；這點並不令人驚訝，因為蘇格蘭傳統上對禁忌和咒罵抱持威權態度，咒罵會受到

---

[5] Hughes, 1998:119.

[6] Hughes, 1998:119-20.

嚴厲處罰。再一次，我們看到了同樣的模式：禁止之下隱藏著蓬勃發展。

今日，若干地方仍保有非常類似罵戰的儀式化咒罵的傳統，其中最值得注意的或許就是美國黑人社群，他們稱這種咒罵為「揚聲」（sounding）或「示意」（signifying）或「對罵遊戲」（playing the dozens）。這類罵戰有各種不同變化[7]，是一種劃分團體成員和非成員的社會方式，但同時也提供了饒舌樂（尤其是幫派饒舌樂）的歌詞基礎，這類音樂定義了幫派社區，包括來自其他族群但嚮往幫派價值的年輕人。

以下是兩個例子：

> 我不玩對罵遊戲，那一套我不來
> 但我幹你媽媽真是幹得爽歪歪
>
> 我真不想提到你母親，她是個老好人
> 她有個十噸的屎，屁眼像橡皮

這種風格也稱「蓋」（capping）或「霹啪響」（cracking on）[8]，澳洲都市原住民的英語也有這種特色。儘管參與者

---

[7] William Labov (1972), *Language in the Inner City*，引用於 Andersson & Trudgill,1999:66。

[8] Burridge, 2002:230.

知道這種場合百無禁忌，但若干界線仍然存在，如果想避免肢體暴力，就不要超越那些界線，否則就得準備面對儀式化的言語暴力演變成實際暴力。

當然，我們也可以主張，這種儀式化行為不算咒罵而是侮辱，因為其辱罵之意是在於禁忌字眼的字面而非象徵層面 [9]。類似說法也適用於另一個常見的場面：觀眾群中有人打斷脫口秀諧星的獨白，喊出挑釁的評語。諧星必須對起鬨的人做出回應，否則就顏面掃地，而這種回應多半都是明目張膽地充滿攻擊性 [10]。

伊蓮·錢金（Elaine Chaikin）的《語言為社會之鏡》（*Language: The Social Mirror*）一書指出，早在猶太人移民到新世界之前，東歐猶太人的封閉社群便有其儀式化的詛咒。一如都市黑人青年的言語儀式反映出他們生活的社會條件和態度，舊世界猶太人的這些詛咒亦然：

> 願你娶一個超級大美女，住在軍官俱樂部隔壁，每年有十個月不在家。
>
> 願你後退時一腳踩到乾草叉，想找東西扶卻又摸到燙火爐。

---

[9] Andersson & Trudgill, 1999:66.

[10] 關於諧星與起鬨者互動的言語模式研究，有一篇名為 "You're ugly, your dick is small and everybody fucks your mother; the stand-up comedians response to the heckler" (Conway, 1994)。

願你女兒的頭髮濃密又烏黑——全長在她們臉上[11]。

　　要比較不同語言及文化的咒罵，較容易的框架或許是文法形式。要這麼做，我們必須先暫時不管意義的細緻微妙差別，專注研究句子的組成建材，或說語句建構（討論口語時，我偏好使用「語句」[utterance]一詞，而大部分——儘管並非所有——咒罵都是口說的）。在此，我們同樣要尋找模式，可用來比較、對比不同語言使用咒罵詞的不同方式。

　　有一套理論，用等級框架來衡量咒罵在整個語句中造成的打岔（interruption）程度——這概念又稱「侵入」（intrusion）或「穿透」（penetration）[12]。最低的打岔程度指的是，咒罵詞可視為安然置於文法環境中，例如「絕—天殺的—對」（abso-bloody-lutely）；最高的打岔程度指的則是咒罵詞單獨運作，沒有字詞包圍護襯（「上帝罰你該死！」）。這套等級有五個層次[13]：

1. 咒罵詞加在字詞的某些位置：是前綴（屎腦袋）還是中綴（絕—天殺的—對）。
2. 受罵詞做為語句的次要成分而運作，通常是形容詞

---

[11] Chaikin, 1982:112-3 .

[12] 由Andersson & Trudgill提出報告，1999:62-3。

[13] 同前。

（這間他媽的學校）或者副詞（還有天殺的好遠）。

3. 咒罵詞做為語句的主要成分，通常是名詞（那個愚蠢的王八蛋）或動詞（他幹砸所有事情）。

4. 咒罵詞做為「附加句」（adsentence）──與語句鬆散相連──而運作，加在句前（幹，我忘得一乾二淨）或句後（到底怎麼回事，看在上帝的份上？），以文法而言並非必要，語句沒有它也能成立。

5. 咒罵詞自行運作，也許加在其他語句之外，或者完全將之取代──「狗屎！」、「耶穌基督！」，或者「幹他媽的地獄！」。

用這五個層次，我們可以檢視任何語言的咒罵詞庫，也可以比較不同的語言。天知道怎麼會有人想鑽研跨文化咒罵的文法細節，但語言學家就是會做這種事。這種人樂於花三年時間探討某種冷僻非洲語言的屈折變化，或比較不同語言請別人把車開走的語氣直接程度，或計算大學課堂上「啊」、「呃」和「嗯」的使用頻率，研究咒罵文法當然也沒什麼好大驚小怪的。

以上這套等級據稱支持兩項可以量化的有趣含意：一是，如果一種語言在某個層次有咒罵的可能，那麼在該層次之上的所有層次也都有咒罵的可能；二是，如果一種語言在某個層次有咒罵的可能，那麼在該層次之上的所有層次都有更多咒罵的可能。

我承認我不曾把這套系統試用於許多不同語言，主要因為我不能用許多不同語言流利地咒罵。然而若只套用英文，以上的假設似乎能自然成立。比方中綴如「絕─天殺的─對」想來很少見，而獨自運作的情緒字眼和罵人話如「狗屎！」或「他媽的滾開！」則非常普遍。

　　話說回來，這套等級或許就是依照英文而設，所以自然而然符合英文。無論如何，各位不妨把這套假設用在其他語言的咒罵上檢驗看看（若有什麼有趣的發現，請寄到出版社給我）。

　　比較不同語言的咒罵的第三種形式，是以社會結構為著眼點，因此不令人意外地稱為結構的形式。其出發點在於咒罵與社會限制密切相關，而這些限制反映了社會價值。這裡應提出值得注意的兩點[14]。其一：咒罵所反映的社會價值並非偶然或隨機，而是深植於社會結構，是該社會的歷史文化背景下許多因素長期交互作用的結果；其二（這一點我們稍後會深入探討）：社會並非單一、同質的，而是呈現多層次的差異──只消看看澳洲公立學校的學生穿起制服的模樣，就能明白制服其實不會掩蓋個人性格，反而能使差異更加明顯。

　　根據人類學家瑪莉・道格拉斯（Mary Douglas）的說法，社會行為或「風格」與社會結構和價值有關[15]。她認

---

[14] Andersson & Trudgill, 1999:64.

為，「需要高度意識控制的社會結構，其風格必高度形式化。」除了形式化，還加上「嚴格實施純度規則（purity rule），貶抑有機過程，對失去意識控制的經驗抱持戒備態度。」簡言之，高度社會結構等於嚴格限制咒罵。

進一步討論道格拉斯的理論之前，需要引進一個我希望稱之為「端整度」（kemptness）的特質。這名詞是我從「儀容不整」（unkempt）一詞引申而創的，後者有限的文法彈性嚴重妨礙了它的用途潛能。最最起碼，「儀容不整」需要一個相對詞──「儀容端整」──因為，除非身在一個到處亂糟糟的宇宙（我們這些家有青少年的人可能正有此感），否則我們確實需要不同的詞來形容把襯衫塞進褲子的人和任襯衫垂在外面的人。那麼，有了「端整」這個形容詞，接著也就需要一個名詞來表示「端整狀態」的特質。因此我提出「端整度」一詞，其反義詞則為「不整度」（unkemptness）。

每個人住家、花園、辦公室、衣服、頭髮、個人衛生等所保持的端整程度不同，其語言亦然：每個人語言的端整程度，使用不整字詞的頻率高低，是否容易情緒失控、脫口說出不整字詞，都各有不同。道格拉斯的純度規則（我視之為「端整量表」），跟貝佐・伯恩斯坦（Basil Bernstein）所發展的語言社會化理論有關[16]。

---

[15] Mary Douglas (1966, 1973)，引用於 Andersson & Trudgill, 1999:64。

[16] Bernstein (1970)，見 Gumperz & Hymes。

伯恩斯坦認為言談是一組特定的代碼（code），規範兒童的言詞行動。他將這些代碼分為二類（但他命名欠妥，給自己惹了一大堆麻煩）。所謂「受限」（restricted）代碼牢牢交織於其脈絡的社會結構，被該脈絡下可採用的位置與角色形塑。「繁化」（elaborated）代碼的不同之處在於，它主要讓複雜的思緒過程能被處理、表達，容許說者脫離固定的角色模式，得到更多自主性和個人性（兩種代碼都各有利弊，但這點跟我們此處的討論無關；來自受限代碼環境的孩子突然進入繁化代碼環境的學校，學業會受到什麼影響，也不是我們此處能涉及的）。

這是跨界繁衍的例子：人類學家道格拉斯借用了語言學家伯恩斯坦的理論。更重要的是，她將他的代碼概念用在地位角色結構的家庭（受限的）和個人角色結構的家庭（繁化的），然後用這些代碼當透鏡，從人類學角度觀察社會這個更大的單位：

> 地位角色的社會秩序井然、規律嚴明，每個人在結構中的地位決定其權利和職責。在個人角色的社會，重要的是個人的能力與企圖心，這能決定他們未來的前途，因此也決定他們的權利與職責[17]。

---

[17] Douglas，引自 Andersson & Trudgill, 1999:65。

由於維多利亞時代的社會強烈傾向地位角色結構，具有高度意識控制，因此，代表維多利亞價值觀的主流團體理應對顯示自我控制鬆弛的行為——如咒罵——抱持高度反感。這裡指的當然是迪斯瑞里（Benjamin Disraeli）所稱「兩種國民」（The Two Nations）之「上層」的公共面貌，而非維多利亞社會的下層階級，也非上層階級不為人知的私密面。

　　許多關於維多利亞社會[18]（包括維多利亞時代情色作品[19]）的研究清楚顯示，在那些冠冕堂皇之詞和假正經的外表下，翻滾著沸騰的激情。因此，「維多利亞時代的極端緘默與克制產生了各種變態」[20]，也就不令人意外。一個經典的倒錯例子是當時法律的一項奇特規定：男同性戀行為是違法的，但女性則否：顯然「沒人想得出該如何向維多利亞女王解釋女同性戀行為是怎麼回事。」[21]

　　結構的框架確實提供了一個比較不同文化之咒罵的方式。但進行比較時最好不要用絕對二分法，而是以一整個連續體的相對性和微妙性視之。情況並不是「地位角色有利於極度控制，而個人角色有利於更多的個人自由」這樣黑白分明的對立，而比較近似光譜的漸層細緻變化，不同的社會傾

---

[18] Pearsall (1969) 是一個很好的例子。

[19] Hughes, 1998:155.

[20] Hughes, 1998:155.

[21] Pearsall, 1969:474.

向哪一端各有不同。道格拉斯的理論在兩個層次上有預測力：其一，它預測不同種類的社會對於咒罵會呈現不同的公眾態度；其二，它指出同一個社會的不同成員之間也會出現各種不同的態度。

現在讓我們把端整的概念加入討論，其中包括的不只是你對展現在外的表層面貌的控制，也包括對語言的控制。可以料想，位於社會主流核心的人很可能有整潔的花園，也會注意自己在公共場合說的話。身為「社會結構的棟梁」[22]，他們必須非常注意自己的外表和語言。相反的，一個無家可歸的社會邊緣人很可能外貌和語言都亂糟糟。如果你對社會現有結構的投資是零——如長期失業或無家可歸的人——那麼撒手不管維修和控制，對你就沒有什麼損失的風險。

順道一提，道格拉斯的純粹原則似乎接近爾文・高夫曼的滲漏（leaking）與氾濫而出（flooding out）概念[23]，後者指的是個人努力不在公共場合失去架勢（poise）與面子（face）。在高夫曼看來，咒罵所含的辱意在於當面對別人表示不尊重，因此人際架勢或可定義為彼此給對方保留面子。

道格拉斯的理論可用於比較不同的社會，但也可用於分析同一社會裡的不同團體，例如企業律師或長期失業者。這些可以視為不同層級的運用。但還有另一個可以運用這套理

---

[22] Mary Douglas引用於 Andersson & Trudgill, 1999:65。

[23] Goffman (1981).

論的層級，與語言學所稱的語域（register）此一面向交織相關。

語域是一套語言內部的變異系統。跟方言或性別方言（gender-lect）不同的是，它並非基於說者之間相對較為固定永久的差別，而是基於同一個說者的語言在不同時間的差別，這些差別來自於時有所變的情境條件。社會結構的此一面向對咒罵也有影響。

我們通常預期非正式場合的咒罵比正式場合多，但原因並非懶惰（儘管有人這樣認為），而是語域問題。在聯絡感情、加強團結的脈絡下，比方下班後同事結伴去喝一杯，語言的主要用途不在於交換（資訊的授受），而在於人際（培養及維繫人與人的關係）。在這種情況下，咒罵既表示也建立團體成員的身分。在先前討論過的大學研究隊的例子中，我們也看到，一旦女性離開，男性的咒罵量便增加。這不是因為他們懶惰，或者露出粗魯的一面，而是顯示了社交咒罵可以發揮社交潤滑劑和建立團結的功效。

私酒與星號

這不是幹他媽的真槍吧？

——約翰・藍儂

　　莎士比亞讓他筆下相當明智的茱麗葉說：「啊，別對著月亮起誓，她沒常性……」於是愛昏了頭、荷爾蒙高漲的羅密歐睜大眼睛問：「那叫我對什麼起誓呢？」而茱麗葉的著名回答是：「**不要起什麼誓。**」[1]

　　如此告誡羅密歐不要發誓／咒罵的茱麗葉，或許可視為放諸四海皆準的禁制之聲。事實上，幾乎所有人類社會都充滿關於咒罵的禁忌。

　　英文的「禁忌」（taboo）一字是1777年由庫克船長引進 [1]，但禁忌本身的存在當然遠早於此。事實上，這概念如

---

1 《羅密歐與茱麗葉》第2幕第2景。此處引文出自方平所譯之新莎士比亞全集12，頁69（木馬：台北，2001）。

[1] Hughes, 1998:8.

此古老、這習性如此廣泛，使人不禁納悶在庫克船長從東加語借來「tabu」之前，用做此義的究竟是哪個字詞。

跟此處討論內容更為相關的是，關於咒罵的禁忌完全未能達成其目標——也就是限制或壓抑或消滅咒罵。事實上，禁忌的結果是產生了大量豐富的咒罵詞彙及迴避策略，讓人們可以照樣咒罵又不需受罰。我們要談的就是這個迴避的概念。當然，避不受罰也得付出代價，那就是言詞變得迂迴，但這一點亦是變數，而咒罵所能發揮的功效之大，讓人覺得多費點事、稍微迂迴一下也是值得的。

禁止某物並不能將之滅絕，美國一九二〇年代的禁酒令已經精采地顯示了這一點。不管被禁的事物是什麼，人們都願意想盡辦法去做到。弔詭的是，如果某項活動的威力強大又普及到招致禁令的地步，那麼禁令是否可能雷厲風行到足以消滅這項活動，就非常值得存疑了。

咒罵和酒精的情況相同，不過前者通常較少涉及暴力和流血，相關的電影也遠不如後者多。然而關於咒罵的禁忌引發了驚人的創意，產生大量的資料和研究機會，足以供一卡車的語言學家全職研究好幾輩子。

變化多端是其首要特徵。咒罵的禁忌差不多是放諸四海皆存，但禁忌的實際形式或形態則迴異不同。變化範疇之一是「誰」這項因素，說得確切點就是：開口咒罵的是誰。問題在於是否獲得許可，而這一點則部分取決於角色，以及場景的正式程度。沒人真的預期搖滾明星會憋住他們自然而然

的語言，就算上台領獎時亦然；另一方面，幾乎在所有文化中，僧侶教士階級都必須隨時隨地遵守這項禁忌。

即使在自由主義的西方，也難以想像神職人員——我指的是任何宗教——宣道時穿插若干精選的情緒字眼。「幹他媽的摩西，他天殺的爬上了那座該死的山。」……不，不大可能。然而，若干外在因素或許能使偶爾的差錯情有可原，例如教士「身體不適」（也許發高燒引起譫妄胡言），或「舉止失常」（也許是喝醉了），或「心煩意亂」（情緒過於激動）。這類變數允許人們打破角色的限制。

但「是誰在咒罵？」這個問題提供不了足夠的資訊。我們需要思考互動關係——也就是說，不只考慮「說話的是誰？」還要考慮「說話的對象是誰？」大部分語言都是針對接收者（或聽眾）而產生，除了莎翁劇作的少數獨白，或者踢到腳趾、蒙特古稱之為「獨自咒罵」的那種場合 [2]。

咒罵的社交本質，意味著咒罵者有時會採取迂迴的聲響策略，例如降低音量，或者事先警告——「原諒我說粗話」（這句話有時也匆匆用於亡羊補牢），或者發出暗示咒罵的第一個輔音之後來個靈巧迴轉（屎！變成「糖！」2）。稍後我們會再討論這些非常有創意的做法，但目前暫且說這些方式都可以讓咒罵者魚與熊掌兼得，也就是打破禁忌但不必受罰。

---

[2] Montagu, 2001:1.

2 shit 與 sugar 二字的開頭輔音相同。參見〈屎有所聞〉註 1。

當然，這並非表示教士階級的成員完全不能咒罵，只是說禁止咒罵的規則最強烈影響其教士職責的行使，而就算教士也會脫去角色的服裝，因之或許語域有所改變，禁忌有所放鬆。一位神職人員（再一次，我指的是任何宗教），在工作之餘的非公眾場合放鬆時偶爾說出個情緒字眼，也不是無法想像的事。重要的因素在於場景、說話對象，以及誰可能無意間聽到。

　　我女兒從學步期開始就對咒罵相當拿手。但在偶爾學會幾個禁忌字眼（大多經由家裡的耳濡目染）的同時，她也學到了規則。有祖母、校長等人物——基本上就是任何看起來老老的人——在場的時候，講話就需要檢點。因此（我可以很自豪地說），她學到的不只是幾個咒罵詞，還有相關的使用規則，這情形頗類似拿到科技新產品，讀過使用說明，然後加以正確使用。這才算得上是稱職或像樣的咒罵者。

　　不同文化的差別不只在於誰可以咒罵、對誰咒罵、在何種情況下咒罵這類基本限制，也包括選擇用哪些經驗來當做咒罵內容。經年累月，語言裡的某些字詞成為約定俗成的咒罵載具，為人接受 [3]。有些澳洲原住民用死去多年的親戚名字當做驚嘆詞句，表達驚訝或震驚，或許近似「聖摩西！」、「我的聖人阿姨！」，或者「耶穌、馬利亞和約瑟！」[4]。

---

[3] Crystal (1987).

[4] Montagu, 2001:17.

據說在聖經時代，拿國王的睪丸來宣誓忠誠也不是什麼希罕的事。我想，這裡的「拿」應該是比喻性而非字面上的意思吧。古希臘和羅馬人則偏好昔日君主、神祇或名人——這其實不難理解，因為他們擁有那麼多男神、女神、神話人物和動物，而且其中一些用法，迦孚[3]在上，可延續了很長一段時間呢。

然而，做為咒罵詞點綴語言的可不僅止於往昔的神祇和名人，有時候，植物或身體部位也可被徵召來擔當咒罵職責。古愛奧尼亞有個著名誓詞翻譯起來是「包心菜在上！」，蘇格拉底（Socrates）「以狗起誓」，而畢達哥拉斯（Pythagoras）用數字4來起誓，也許有點古怪，但倒也並非不合邏輯。如果你對神祇、植物、動物和數字沒興趣，還可以自己編。詩人羅伯・蘇席（Robert Southey）覺得用「Aballiboozobanganovribo」這個沒意義的詞起誓才過癮，在我聽來很像華特・迪士尼（Walter Disney）讓他那些動物角色激動時所說的情緒字眼的前身。阿拉伯文和土耳其文以繁複而儀式化的咒罵聞名——「你這六十隻狗的老爸」、「你這騎母駱駝的」——且絕對不僅限於古代，這點我們稍後就會談及。

阿布・艾賈瓦（Abd el-Jawad）對約旦阿拉伯文的咒罵

---

[3] Jove，羅馬神話之主神，等於希臘的宙斯。此處「迦孚在上」（by Jove）一語為英文中仍時有所見的驚嘆詞。

詞串（稱為「誓詞」）做了一份有趣的研究，記錄約旦人用來起誓的各種字詞 [5]。據以起誓的對象包括阿拉、古蘭經或其他聖書、先知和使者、重要的歷史人物、家族成員、聖地和聖日、阿拉創造的所有生靈，以及道德價值如榮譽、貞潔、尊嚴和誠實。有些誓詞僅限男性，例如所謂的「休妻誓詞」，說者以跟妻子離婚做為某種言辭行動的起始。

約旦女性，尤其是年紀較大、沒受過教育的女性，鮮少以阿拉起誓，而比較常以親人的生命和福祉來起誓，使用繁複、抒情、押頭韻的對仗誓詞——「日落和心碎在上」、「飛禽走獸的生命在上」、「這片安靜黑暗的生命和天使的呼喚在上」。男女兩性都在許多言辭行動中大量使用誓詞：宣佈、邀請、建議和提議、承諾和保證、要求、分辯和藉口、威脅和挑戰、抱怨、讚美和怪罪。艾賈瓦的結論是，這種「對話性的咒罵」是日常對話的主要特色，如果有人交談沒用到起碼一個誓詞，反而才很罕見 [6]。

許多西方文化並沒有這麼豐富的誓詞，也不這麼寬容人們加以使用。著名的伊莉莎白女王或許繼承了都鐸家族說起誓詞口舌便給的能力，但我們且來想想她的後代，伊莉莎白二世，1992 年 12 月對英國和大英國協成員國發表聖誕演說時，所用的 annus horribilis 這個拉丁詞。沒錯，不管以誰的

---

[5] Abd-el-Jawad (2000).

[6] Abd-el-Jawad, 2000:237.

標準來看，那年確實都很糟糕，家裡許多見不得人的事被大肆報導：婚外情、飲食失調、自殺傳聞、親熱的電話傳情、貪得無厭的媒體對每一個麻辣細節都垂涎三尺。那年，王室的時間大部分花在控制損害上。在大眾感覺起來，白金漢宮已經有點失控了。顯然伊莉莎白無法再把慣常的演說內容稍做更動拿來用，文句中穿插王室成員幸福快樂的微笑照片──正式王室的公眾面，放鬆的公眾面，假裝私密。

　　為了當時公信力已所剩無幾的溫莎家族，女王和負責寫演說稿的文膽可是煞費思量。他們得承認那年過得很糟，但用的語言必須適合扮演公眾角色的王室人物。「天殺的有夠爛的一年」不夠好。於是拉丁文前來馳援。

　　Annus horribilis（可怕之年）是深思熟慮、創意十足的精采發明，來自較常見的標準用語 annus mirabilis（奇蹟之年）[4]。拉丁文的 annus（年）跟英文的 anus（肛門）類似，更增此詞的效果，後者很鄰近其他常被沒那麼高尚的人士用來咒罵的身體部位。Annus horribilis 是女王在無損尊嚴的前提下所能說出最接近咒罵的話。不知公關人員這番效力的帳單數字是多少，但是，嘿，尊嚴太重要了，沒有擔心價碼的餘地（話說回來，女王說不定出人意料地擅於咒罵，因為她在海軍家庭長大，又嫁了個出了名口沒遮攔的丈夫）。

---

[4] 一般指作家、藝術家、科學家等創作／研究生涯中傑作迭出或屢有創見、成績特別突出的一年。

蒙特古對古代民族的咒罵做了一番大致清點──古埃及人、猶太人與早期基督徒，希臘人與羅馬人[7]。每當找到長篇大論、著力強調的咒罵禁令，如舊約裡，他便明智地──而且很合邏輯地──推想，這些禁令管制的對象必然「擅長又時常咒罵」。要不是子民咒罵成性，上帝也不會特別費事開口詳加訓諭。

　　當然，這裡所說不被讚許的「咒罵」指的是起誓時說出上帝之名，或者惡意誤用上帝之名。最經典的禁令是〈出埃及記〉二十章七節的第三誡：「不可妄稱耶和華你上帝的名，因為妄稱耶和華名的，耶和華必不以他為無罪。」

　　舊約並未直接觸及髒話這個議題，然而書中頻繁出現的委婉語顯示對迂迴用詞的偏好[8]。羅伯・德賽表示，要了解委婉語的運作方式，我們就必須搞懂舊約裡最基本的訊息：「要是我們早早學會不說出真正想的意思，大家都能減少很多不愉快，減少殺戮、爭吵、恨意和煩惱。」例如，書中避免提到「排便」、「強姦」、「排泄物」、「尿」，甚至「痔瘡」，不是用溫和的同義詞取代（用「蓋住雙腿」代替「排便」），就是改變一兩個字母，比方表示痔瘡的「afalim」一字變成「tehorim」，想來是為了軟化此詞聽來刺耳的聲音。

---

[7] Montagu, 2001:5-34.

[8] Dessaix 於 Radio National 的 *Lingua Franca*，2004年7月，"On the Euphemism", http://www.abc.net.au/rn/arts/ling/stories/s1154069.htm。

我向來天真地以為舊約記錄的事件都太重大，沒有餘裕討論痔瘡，但顯然我想錯了[9]。

蒙特古的結論是：

> 整個咒罵史清楚證明，立法禁止並懲罰咒罵，只會把它趕進更不見天日的臭陰溝，它在那裡蓬勃發展、得其所哉，紅如罌粟花瓣，黑如罌粟花心[10]。

各種不同文化似乎都曾使用不同的程序和手段來管理、懲處、設限、控制、約束咒罵行為。這些程序和手段或可視為不同的禁止形式，儘管都有系統（雖然程度各異），但組織化和制度化的程度則各有不同。廣泛說來，這些方式都是將禁忌行為變成限制對象。

以平面媒體處理**幹**和**屄**這類字詞的方式為例。其中一種做法或許是最容易的，就是全面禁止。另一種做法是在某些情況下允許出現──比方引述的句子。還有一種做法是暗示，例如「f開頭的字」或「c開頭的字」，但這種做法可能導致口語的特殊發展，如「effing」[5]這個形容詞的出現。比如諾曼・梅勒寫《裸者與死者》時，用「干」（fug）代替**幹**

---

[9] 再次感謝Rabbi Fred Morgan（2004年3月的私人通訊）協助查詢參考 *The Encyclopedia Judaica*, vol. 6: 959-62。

[10] Montagu, 2001:25.

5 就是將f此字母的讀音拼寫出來（eff），變成一個字，再加上ing變成形容詞。

（fuck），避開了當時的審查法令。據說在一場宴會上有人向梅‧蕙絲（Mae West）介紹諾曼‧梅勒，梅‧蕙絲說：「哦，你就是那個不會拼『幹』的人！」

在本書寫作的此時，《雪梨晨報》和澳洲廣播公司都不禁止「適當」使用粗俗語言，只要不是用得「沒有必要」。到頭來，判定某樣事物是否沒有必要——或是否適當——的標準也只是存乎一心[11]。羅伯‧德賽指出一項奇特的事實，即ABC電視台《帳單》（*The Bill*）節目中的人物並不咒罵：他們差不多犯遍了其他九誡，但就是不咒罵[12]。電視台為了怕觸怒觀眾，便決定把他們的嘴都洗乾淨。

早期的一種消毒式審查法很簡單，就是去掉文本裡的所有咒罵詞。第一個這麼做的人是富有的蘇格蘭醫師湯瑪斯‧包德勒（Thomas Bowdler），他在維多利亞時代初期決定寫一本《家用莎士比亞》（*The Family Shakespeare*），該版本「不給原文畫蛇添足，只省略不適合朗讀給全家人聽的字詞」[13]。包德勒留給後人的不只是一套清潔過的莎士比亞，還有他的名字：這種淨化過程稱為「包德勒化」（bowdlerisation），以前我曾經誤以為它代表的是另一種更接近字面的淨化[6]。

---

[11] 2004年3月的私人通訊，Michael Visontay關於澳洲廣播公司的編審政策，雪梨，2002。

[12] Dessaix於Radio National的 *Lingua Franca*，2004年7月，"Swearing", http://www.abc.net.au/rn/arts/ling/stories/s1154069.htm。

[13] Bowdler，引用於Montagu, 2001:235。

包德勒移除**兒童不宜**的字詞，想由此創造出一套老少咸宜的莎士比亞。長久以來有種看法就是，應該保護兒童不受成人咒罵的污染影響。馬克‧海登（Mark Haddon）的第一本小說《深夜小狗神秘習題》（*The Curious Incident of the Dog in the Night-Time*）便談到兒童與成人對現實的不同認知[14]。該書同時出版成人及兒童版，封面不同但內容一致，只有荷蘭文的兒童版將咒罵部分包德勒化。

　　關於保留咒罵部分的英文版，海登愉快地表示：

> （我們）保留咒罵，做到比荷蘭人更荷蘭……咒罵部分很重要。童書有一種無形的保護圈，讀的時候你知道，萬一發生可怕的事，作者會照顧你。我想這本書沒有那個保護圈，而咒罵就是顯示此點的信號之一。

　　蓄意拼錯**幹**字這種做法有個非常當代的例子，就是French Connection United Kingdom這個服飾品牌，其名稱的字母縮寫恰好是惹人注目的「FCUK」，而該公司顯然也很喜歡把這字樣秀在他們出品的衣物上。當然，你不需要有閱讀障礙，也能把「fcuk」看成**幹**；你是先想到**幹**，然後才意

---

6 包德樂的姓氏寫作Bowdler，與英文的「腸子」（bowls）相近，此處作者的意思應是她曾誤以為該詞指的是浣腸之類。

[14] Mark Haddon，《雪梨晨報》之《明鏡》訪談，2004年1月24日，頁15。

識到字母縮寫的排列不同。該公司無疑樂於造成這種聯想，欣賞這種淘氣意味，這種看似避免髒字的不同排列，這種衝著你的臉說**幹**的方式；他們看似迴避**幹**，事實上卻加以凸顯——就像法官指示陪審團將某事物「去除，不必加以考慮」，其實沒有消減反而加強了印象。

另一種對咒罵設限的方式，是允許禁忌詞出現，但去除其元音，於是**幹**和**屄**變成「f-ck」和「c-nt」。除了用連字號代替元音，星號也可以。比方說，隨著**幹**的禁忌減弱，我們看到「f***」變成「f**k」，再變成「f*ck」。儘管對一個單音節的字做這種省略頗為荒謬，但顯然某處某個有權有勢的人訂定了星號因素，認為星號的數量跟大眾對此禁令之嚴重程度的認知成正比。

無論如何，限制的條件和形式會逐漸習慣成自然：我們在報上看到「c*nt」，完全知道是什麼意思（甚至還可能動嘴輕聲發出這個音，換取一點廉價的刺激），但大多連想都不會去想這其中加諸的限制。在水裡游動的魚看不見水。然而若換做咱們那位火星人類學家，無疑就會收穫豐碩。

那麼，星號是一種最低限度、且不太有系統的限制形式——儘管這符號蘊含的意義（我們稱之為它的符號學）廣為眾人清楚了解。其他文化用其他方式來限制類似的行為。有時這類限制容許人們透過刻意組織的機會來咒罵，這意味有人醒悟到咒罵在某種層面上很重要，或無可避免，或原始根本，而全面禁止是行不通的，事實上還可能適得其反。因

此，社會便找個方式容許若干咒罵行為。

刻意組織安排咒罵這個概念，在我們看來可能跟刻意組織安排大笑一樣古怪——後者是人們在特定時刻群聚特定一段時間，專門為了大笑，以求有益身心、增進健康。印度和日本都有這類團體的詳細資料，阿德萊德（Adelaide）至少也有一個，有天清早我出門慢跑時無意間碰到——可讓我吃了一驚。聽說日本還特別提供特定情境，讓職員對著上司的芻像或照片發洩怒氣。我敢說這一定有助於減少請病假的人數。

關於不識字的社群所進行的刻意安排的咒罵，有備受敬重的人類學文獻。蒙特古提到了唐納·湯姆森（Donald Thomson）的研究，後者在約克角半島研究澳洲原住民三年，寫了許多文章討論他們有系統的咒罵行為[15]。這些行為與部落成員的親戚關係密切相關，跟他們所有其他語言和非語言的行為一樣，必須放在親戚關係之內來了解。

簡短說來，不同的關係有不同程度的自由和禁制（這點跟我們的社會也頗類似——如我先前提過，我女兒日益增進的咒罵能力包括知道在誰面前可以做這種事）。在約克角，最嚴格的禁忌存在於說者與妻子的最近親家人（父母、兄弟）之間，享有最多自由的則是祖孫關係，以及同性友伴之間的關係。這些社群跟我們的社群大不相同。或者真是如此嗎？

[15] 關於唐納·湯姆森研究的詳細描述，見Montagu, 2001:345。

在這些親戚關係的整體限制下，約克角半島各部族的咒罵行為可分為無組織和有組織的。無組織的咒罵包括憤怒時所說的、或為了引發肢體攻擊所說的各種髒話。有組織的咒罵（湯姆森稱之為「獲得許可」的咒罵）則嚴格遵守親戚規則——也就是說，嚴格規定誰可以包括在內、誰必須排除在外——且在公開場合進行。這行為不只是獲准，更是義務。這種咒罵跟踢痛腳趾的反應或激發怒氣的情境毫無關係，反而是好玩、取樂的。

　　蒙特古將這種親戚網絡准許的咒罵稱為「玩笑關係」[16]。湯姆森的原住民資料提供者向他保證，這種咒罵的目的在於「讓大家快樂」，而他的結論是，獲得許可的咒罵會引致一種樂陶陶的狀態[17]。所以我認為它跟大笑俱樂部頗為類似（不過，就我所知，後者沒有親戚規則）。

　　這種咒罵也讓我——以局外人的身分——聯想到下班後跟好友結伴去喝幾杯啤酒的澳洲男人。兩者的相似之處多得驚人：誰可以加入、誰不可以加入的規則，什麼樣的語言被視為合適，以及參與者正面友善的態度（這是說，除非／直到太多酒精影響眾人的互動）。我們或可將這種聚會視為「獲得許可的咒罵」在當代西方社會的一例。

　　蒙特古也研究過澳洲原住民的咒罵行為[18]，將他們的

---

[16] Montagu, 2001:12.

[17] Thomson (1935)，引用於Montagu, 2001:9-15。

社會化咒罵（以及愛斯基摩人的類似行為）描述為「合法提供的逃避閥」[19]──也就是保持社會平衡的一種有效裝置。據他評估，這種發洩方式高明精巧，西方社會也有相同需求，但表達方式卻粗糙得多：單身漢派對、黃色笑話、猥褻打油詩、酒館閒扯。

全面禁止咒罵只會把死忠的咒罵者逼得轉進地下，但這些所謂的原始民族沒有這麼做，反而試著去了解咒罵，並根據他們的了解將其安排組織在社會之內。他們明白咒罵的用處，保留了在若干受到控制的情況下合法發洩情緒的好處，由此也避免了伴隨壓抑而來的心理疾病[20]。如此做法有助減少社群裡的動亂，避免生產力下降，省下執法治安、藥物酒精濫用勒戒以及心理治療的費用，節省的成本必然非常可觀。

以歷史觀點視之，對咒罵的限制或可分為三個發展階段。最早的限制存在於地區、家庭和社群，在這些範圍內，如前述的一些澳洲原住民的例子，若干行為的禁忌是依照現存的親戚關係模式加以定義、禁止及合併。隨著組織化的宗教日漸鞏固，對咒罵──尤其是瀆神──的限制就有了非常特定的宗教面向。第三個階段則是今日存在於西方社會的當

---

[18] 見Montagu（1937），參考資料列於Montagu, 2001:345。

[19] Montagu, 2001:13.

[20] W. La Barre（1939），引用於Montagu, 2001:345。

代俗世規定或法令，匯聚了各種意識而極具影響力，而那些意識可說是透過禮儀來規範社會關係。

如今，我們不會尋求家族長輩或部落長老的指點，也不會尋求教士階級的權威。言談的限制少數來自法院，大多數來自社會規範。然而，接下來我們會談到，人們花在維護自由的精力跟花在限制咒罵的精力不相上下。對此，杜林說得頗為抒情：「憲法第一修正案將民權延伸到言論，而言論則為人類互動的股市提供了交易貨幣。」[21]

自然，這三個階段並非只是一個接一個的線性發展。儘管今日教會勢力大不如前，但在微妙的層面上仍有微妙的影響力。儘管政教分離，但若宗教信仰未受尊重，信徒一定會公開抗議。這種抗議可能造成通常出於商業考量的自我審查。例如1997年，知名鞋廠銳跑（Reebok）新推出一款名為「夢魔」的球鞋，引發公眾抗議。銳跑後來向壓力低頭，撤回該鞋款，公開道歉，躲起來舔傷口，八成還委外調查報告此事件對該品牌造成多大的傷害。不知道為什麼沒人查過字典，告訴該公司的行銷部門：「夢魔」是一種跟睡夢中的女子性交的惡魔[7]。

當然，以上所提的三個階段，或部分或全部都曾對全世

---

[21] Dooling, 1996:27.

7 原文incubus，指在睡夢中與女子性交的妖魔。與男子性交的夢魔稱為succubus。

界不同的民族產生不同程度的影響。在某些政教合一的穆斯林國家，教士階級強力打壓他們認為冒犯的語言，尤其是瀆神，其打壓程度近似進入俗世階段之前的西方社會。隨著全球化及科技發展，民族與民族間的接觸增加，組織化宗教的影響力可以跨越邊界，一個著名的例子就是作家魯西迪因其作品《魔鬼詩篇》被視為瀆神，而遭宗教領袖下達格殺令。

在此我們不討論法院對言論罪行施加的限制，如猥褻電話，或口出不當或冒犯之言拒捕。我比較感興趣的是存在於社交禮儀，較不明顯可見、較難定義、比較模糊但極為強大的遏止力量。法院施加的懲罰是罰金或牢獄，社交禮儀對違反社會規則之人的懲罰則是提摩西・傑所稱的「社會懲罰」——鄙夷、冷落、惡狠狠的眼神、譏嘲，或公開譴責[22]。

反諷的是，社會懲罰本身常會因為行使自我審查而得以避免，如2003年雪梨的第七頻道中止訪談《麥克瑞辭典》的蘇・芭特勒，因為她不小心脫口說出**幹他的蠢才**。該頻道進行了超敏感的損害控制，深怕被視為不夠尊重保護觀眾的敏感度。

透過自我審查行使社會標準的最佳人選或許是為人父母者，這很合邏輯，因為他們對孩童的社會化影響最大。我有一對朋友是澳日聯姻的夫妻，以雙語、雙文化的方式教養兩個兒子。在他們家裡，若不小心說出咒罵詞，就得罰吃（或

---

[22] Jay, 1999:206.

被威脅要罰吃）日本芥末，也就是山葵。事實上，在他們家，禁忌字眼如今被開玩笑地稱為「山葵詞」；家中每個人都知道這是什麼意思，而口無遮攔的客人如我也很快就會發現。這是關係親密的人所共有的一種密碼，代表某些頻繁發生的事件，讓他們可以省略冗長的描述與解釋。

要了解審查制度（不管是別人加諸還是自我加諸的），我們必須了解，約定俗成的禮儀（就像進門前要踩踩踏墊清乾淨鞋底，這些禮儀也讓你清乾淨咒罵）都由「面子」這個關鍵概念貫穿。我們用到此詞通常是在「保全面子」或「沒面子」這類片語，而這兩個詞語都涉及「公眾場合的自尊」這種珍貴商品。

事實上，我們甚至可以說「面子」這個概念貫穿了社會互動，規範了語言和非語言的行為，從最正式、最公開的場合，如在喪禮上致悼詞，到最不正式、最私密的場合，如一夜纏綿後新近變得親密的兩人的翌晨閒聊。面子的概念來自社會學家爾文・高夫曼，高夫曼則引申自人類學家艾米爾・涂爾幹（Emile Durkheim）的理論 [23]。潘妮洛普・布朗（Penelope Brown）和史蒂芬・勒文森（Steven Levinson）借重以上兩人的作品，建立起語言禮貌的通用理論。

布朗和勒文森將他們理論的中心原則稱為「面子的相互

---

[23] Erving Goffman 及 Emile Durkheim 兩人的作品，為 Penelope Brown 和 Steven Levinson (1978) 發展出的語言禮貌通用理論奠定了基礎。

脆弱性」，此一宗旨規範了所有的人類溝通。簡單說來：在一般傳統的人類互動中，說話者尋求保有面子（也就是他們的公眾自我形象），並避免使別人沒面子。有無數方式可以做到這一點，大部分是透過語言，從公開稱讚鄰居花園裡種的玫瑰（讓他們很高興你看出他們投注其中的心血），到不要向鄰居借車開一晚（這不恰當的請求無疑會造成對方不快，也會使你們的相處變得尷尬）。大致上，投注於面子工程的精力是用來預防、減低或彌補這類發生在有——且預期需要繼續保持——若干程度接觸的人之間的尷尬。

我們知道，禮儀規則觸及社交生活所有面向，我架上一本古板舊書的書名就足以說明：《百萬種循規蹈矩：有禮行為指南大全》（*Manners for Millions: A Compele Guide to Courteous Behavior*）[24]。咒罵的禮儀是一套言行規則，妥適包含在保持面子和避免危及別人面子的整體範式中。咒罵是一種加諸別人、使對方不適的象徵性言語暴力，因此咒罵別人就侵犯了他們的面子，咒罵者自己也因觸犯規則而丟了面子。

這種「相互脆弱性」是維持社會平衡的關鍵。踢痛腳趾時，只要知道旁邊沒人會聽見，你盡可以卯起來咒罵；但若在公開的社交場合，你可能就必須放棄一個簡短有力情緒字眼所能獲致的暫時抒發，如果你的社會自我認為這種抒發有

---

[24] Hadida, 1959:124.

礙面子的話。從壓抑到抒發之間有許多層次，咒罵者在不同情境下會直覺衡量代價與好處的比例。

面子工程和咒罵的禮儀或可視為一種遊戲，參與者知道規則，大部分選擇加以遵守。有時參與者可能會違抗規則，但通常是蓄意如此。瑪麗蓮‧夢露（Marilyn Monroe）與亞瑟‧米勒（Arthur Miller）度蜜月時，在英國拍攝《遊龍戲鳳》（*The Prince and the Showgirl*）一片，該片男主角勞倫斯‧奧立佛（Laurence Olivier）毫不掩飾對她的不屑。一天奧立佛對夢露吼道：「幹，妳他媽的難道就不能準時一次？」瑪麗蓮則甜甜地回答：「哦，你們這兒也有這個字呀？」[25]她跨出規則範圍之外——按照奧立佛的意圖，這話應該讓她尷尬又膽怯——去除了那個字的魔力，直接加以回應。高招啊，瑪麗蓮。

《笨賊一籮筐》（*A Fish Call Wanda*）片中也有類似的例子。在一段對話裡，形象誇張的美國人奧圖試圖侮辱形象誇張的英國人亞齊，罵他：「愛現，假正經，勢利，英國人，大蠢蛋，人渣，幹臉，屁頭，屁眼！」亞齊則回答：「真有趣。你是個正港的粗話論者，對吧？」

以上兩個例子都是蓄意違抗咒罵的遊戲規則，跟無心的違規不同。我母親的母語不是英文，有次她鬧了個大笑話，因為人家問她：「妳好嗎？」她無辜地回答：「其實我幹壞

---

[25]《雪梨晨報》，2003年9月2日，無署名。

（fucked）了。」我在大學圖書館唸書唸到很晚回家時，她常聽我這麼說，因此對此詞的語用理解是它表示「非常疲倦」，而這麼解釋當然也沒錯，彼時和現在皆然。年輕的大學生這樣說不令人意外，但從一位胖嘟嘟、六十歲、英文帶著波蘭腔的良家婦女口中說出，效果可就大不相同。幸好，口音有時能帶給說者較多通融餘地，她因此沒有太丟面子。

這則軼事也顯示字詞和意義的武斷本質。在我母親聽來，「幹壞」不像是一個壞詞，而且，就算發生了上述事件，這個詞對她仍然缺乏「魔力」，儘管一旦學會遊戲規則她便加以遵守。唔，大部分時候啦。

許多母語不是英文的人，都覺得用英文咒罵比用母語自由得多。這並不是因為，比方說，英文比其他語言「自由主義」，而是因為非母語的咒罵者沒有經過通常限制阻止那些字詞使用的社會化過程。在這種情況下，正如一個母語是瑞典文的中年人告訴我的，咒罵讓人挺有解放感。

即使刻意使用咒罵來違抗體系，其中還是有規則，或可稱為「違抗規則的規則」。身為咒罵的接收者，你可以選擇是否遵守遊戲規則——也就是說，被冒犯或生氣或大怒——或者跨出規則範圍，由此剝除禁忌字眼據稱具有的殺傷魔力，一如瑪麗蓮四兩撥千斤地對付奧立佛。

當然，咒罵者並非總是受限於禮儀。例如在公路發飆的情況，咒罵者並無意有禮地維持文明行為，怒氣沖昏了發飆者的頭，於是那段時間他或她選擇自外於正常互動的規則。

當然，此處談的不是事實上有助於增進感情的社交咒罵，在那種情形的交談中，團體成員認可彼此的咒罵，建立起一種相互接受的團結氛圍。

@*%!

很明顯，委婉語——或者以艾倫和柏瑞芝的說法，是用做盾牌的語言 [26] ——是一種精細世故且變化多端的技巧，以軟化語言或迂迴表達的方式避免傷害別人的面子。變化多端，是因為委婉語的使用期限不長；人們用它們努力掩飾若干臭味，但它們很快就會被那些臭味污染。史蒂芬・平克稱此現象為「委婉語的耗損」[27]。然而，在仍有效力的期間，它們發揮的功用就像語言的神蹟治療聖地 [28]。

關於生理功能，我們發展出數以千計間接、閃躲的說法，全是為了免於威脅到別人的面子。彷彿我們全都默認同意遵守公眾架勢和儀態的規則，避免做出導致撕破臉、有失顏面的行為。大部分時候，這項廣為眾人接受的理解都運作順利。

做為強化情緒的形容詞，可代替**幹他媽的**（fucking）的委婉語之一，是如今已相當過時的**他奶奶的**（frigging），通

---

[26] Allan & Burridge (1991).

[27] Stephen Pinker，《紐約時報》，1994年4月5日，引用於 Dooling, 1996:46。

[28] R. Hughes (1993)，引用於 Dooling, 1996:44-5。

常拼做friggin，比方「你這他奶奶的騙子，跟我說實話，該死的」。由於與**幹**有關連，**他奶奶的**本身也受到污染，而或許出於這個原因，便逐漸不為人所用。畢竟，如果**他奶奶的**無法發揮委婉語的功效，那麼當然不如找個新的委婉語，或者乾脆回頭去用直接了當的**幹**。長此以往，**他奶奶的**一詞頗可能完全消失，儘管語言自有其有機而神秘的方式，能為陳舊字詞做出新安排。「frigmarole」就是一例，它的意思是「rigmarole（費時繁瑣的手續），但更有過之而無不及」，比方「又翻遍洗衣籃想找一雙乾淨襪子——同樣老套的frigmarole」[29]。此外還有「kenoaf」，這是《麥克瑞俚語辭典》收錄的一個委婉語，衍生自「幹他媽的誓詞」（fucking oath）。

他奶奶的的後輩親戚之一是「他X的」（freaking），比方「真是太他X的糟了」[30]，句中的「太糟了」被拆開，插入「他X的」，一如「絕對幹他媽的有夠爛」也在詞中穿插他字。心直口快得令人莞爾的伊凡娜・川普（Ivana Trump），有過年紀幾乎只及她一半的外遇對象，據稱當時她以「太他X的糟了」描述她丈夫對這段婚外情的不讚許。在「繞過幹他媽的幹道」上，我們似乎已從**他奶奶的**走到了他X的。

目前為止，我們已討論過有組織的、明顯的發洩方式，

---

[29] http://www.pseudodictionary.com/search.php.
[30]《雪梨晨報》，2004年3月19日，頁18。

這些方式是社會演化出來，以有效管理人類想違反咒罵禁忌的此一衝動的某些面向。此外也有比較沒有系統、沒有計畫、不那麼制度化的方式，是不明顯的、由下而上（不同於前者的由上而下）的語言方法和手段，讓人們比較可以打破咒罵的禁忌。

其中一種做法，是在發音和文法上加以扭曲，變成原先禁忌詞的掩飾變體。比如**該死**以前具有相當強烈的宗教意義，指的是「開除教籍」，在教會掌有生殺大權、火刑燒死不是兒戲的年代，這是相當嚴重的威脅。隨著教士權威的式微，社會進入俗世時期，幾個世紀以來、飄洋過海之後，**該死**演化為相當溫和、而且現在與宗教相當無關的「要命」（darned），如今此詞的力道已經大為沖淡，略顯古板，大約等同於踢痛腳趾的情緒字眼。

根據某些報告（但另一些報告則表異議），**天殺的**（bloody）一開始是「聖母在上」（By our lady），但在發展過程中經歷了各種有禮的迴避，例如「ruddy」、「blooming」、「bleeding」，或縮減為一個「b」，比方「這b東西壞了」。從這些例子可以看出，字詞的新形式通常有押韻或押頭韻的傾向。

天殺的的一項有趣發展，是用其類別名稱「形容詞」來取代它。例如狄更斯筆下有個人物便說：「我才不會讓什麼形容詞的警察和形容詞的陌生人進入我形容詞的店裡！」[31]彼得・凱瑞（Peter Carey）的《凱利幫》（*The True Story of* *the Kelly Gang*）也有同樣的做法：透過主角奈德的第一人稱敘事聲音，凱瑞用「形容詞底」（adjectival）代替了幾乎所有咒罵詞，底下舉出幾個例子：「我才不是你形容詞底好朋友」、「你這形容詞底笨蛋」、「你這形容詞底XXX」、「那匹形容詞底牝馬」。

　　有時候，用來替代的委婉語會有始料未及的發展。伊萊莎‧杜利托[8]那句令人側目的罵詞「天殺的不太可能！」成了1914年劇壇傳誦一時的名句，後來還被命名為「艾斯考的情緒字眼」。想仿效杜利托小姐的咒罵者就此有了個現成的委婉語——「賣花女的不太可能！」——一整代的人都樂於大用特用。

　　幾十年後，泰南事件產生了一個類似的委婉語。1965年，肯尼司‧泰南接受BBC現場直播的採訪時，冒出了一句**幹**。接下來滿天飛的報紙頭條——「那個字出現在電視上」、「侮辱女性」、「這道德嗎？」、「對BBC本質的宣戰」、「開除四字詞泰南」——確保他的名字永遠跟那個冒犯詞聯想在一起，其程度之深，使得開玩笑的「把那扇泰南的門關上！」重演了當年「賣花女的不太可能！」的情況，成為那十年間最為人偏好的委婉語[32]。

---

[31] Dickens，引用於Hughes, 1998:12。

　8 Eliza Doolittle，蕭伯納《賣花女》（即電影《窈窕淑女》原著）一劇的女主角。

[32] Hughes, 1998:195.

甚至有個「各種場合通用」的委婉語是「blankety」，《柯林斯辭典》將其定義為「代替任何禁忌字眼的委婉語」。

截短字詞只用字母的方式，在**幹**的各種變化中也看得到，從「f開頭的字」變成一個獨立的字，例如「eff off」和「effing」[9]。我甚至在《倫敦書評》（*London Review of Books*）看過一篇文章[33]，名為〈Effing the Ineffable〉[10]。此處有個特殊的比喻延伸，用「f開頭的字」代表禁忌的**原型**，如育兒報《雪梨兒童》（*Sydney's Child*）最近登了一篇特別報導，陳述放任式教養的風險，標題叫做〈「不」何以成了新的F字〉（Why 'No' is the New F-Word?）[34]。

一種常見的迴避策略是保留禁忌字眼的第一個音（**該死的**「d」和屎的「sh」），但轉成另一個較無害的詞，這招稱為「重塑」（remodelling）[35]。這解釋了**該死**如何變成「darned」和「drat」，也顯示字詞的持續存在。仍然有人會

---

9 分別代表fuck off和fucking。

[33]《倫敦書評》網站，http://www.lrb.co.uk/v21/ n23/newe01_.html。

10 在保留此處討論「f字」演變之脈絡的情況下，此句的雙關和音韻效果幾乎不可譯（否則，若只考慮字義和諧音效果，或可試譯為「『屎』近避諱之物」）。effing的詞義已如上述，ineffable則為「不可說、需避諱」之意，兩字的重音又皆為「eff」；簡略說來，這個標題等於是用了代稱禁忌字眼的詞來傳達／打破所謂不可說的禁忌。

[34] Jane Carafella，《雪梨兒童》，2003年8月，頁12-13。

[35] Allan & Burridge, 1992:15.

以（唔，如今也許主要是平常不咒罵的優雅老太太，或者家有耳朵很尖的學步兒的母親，才會這麼說）「shivers」、「sugar」、「shoot」和「shucks」——取決於不同地區的英語方言——當做暗示或迴避屎的方式。我最近在美國電視節目裡聽到一個例子：「上—天—的屎—葉派[11] 穆斯林!!!」我想，「sh」這帶有屎溺聯想的發音再加上宗教意味顯然很誘人，令他們忍不住要用。

有兩個詞產生的委婉語特別多，足以填滿辭典。一個是屎，法莫與亨利的《俚語及其同源詞辭典》（1904年初版）列出了約七百個同義詞[36]。另一個是「上帝」，我們先前已經談過一些。

掩飾機制中最著名的，或許是倫敦土話的押韻俚語（rhyming slang）這類委婉語，儘管這種方式相對來說比較新，1840年左右才開始。這些俚語自有其成規，比方傾向使用地名（如Bristol cities［布里斯托城市］代替titties［奶子］）和酒館名稱（如Elephant and Castle［大象與城堡］代替arsehole［屁眼］）。語言時時在變，押韻俚語的變體也日新月異，如變成縮短版本，用「布里斯托」和「大象」分別代替「奶子」和「屁眼」。押韻俚語的另一演化特色是其縮短版本

---

11 原文為H-o-l-y Shi-ite Moslem，Shiite指伊斯蘭教的什葉派，但字形與shit很相近。因此會出現此處這樣利用諧音和意義聯想的造句法。

[36]《俚語及其同源詞辭典》的詳細資料可見Hughes (1998) 的參考書目。

逐漸變得合乎文法[37]，例如「你這個蠢柏克」（來自代替 cunt [屄]的「Berkeley Hunt」[柏克萊狩獵]）。

　　另外有很多方式可以迴避禁忌字眼[38]。艾倫與柏瑞芝在專論此一主題的重要著作中，對英文做了一番徹底研究，探索用做「盾牌」（委婉語）和「武器」（惡俗詞）的語言，列出幾十種以各式委婉語迴避禁忌字眼的語言手段。我們可以改用正式語言（「排泄物」代替屎），或者相反的，改用口語（「例假」代替「月經」）甚至古老的詞（「愛神麻疹」代替「梅毒」）。我們可以含糊其詞（「下部」代替生殖器，或「胸部」代替乳房）。我們有數不清的詞拐彎抹角地表示「廁所」（「小女孩的房間」）和我們在那裡做的事（「補粧」）。我們也可以改採拐彎抹角的相反方式，將冒犯的字詞削減成一個符號，用字母來代替整體（SOB代替「狗娘養的」，P代替「噓噓」或「撒尿」，或jeeze代替耶穌）。

　　此外，當然，每當有疑慮，我們還可以求助於拉丁文，就像女王那句效果絕佳的annus horribilis。一般說來，源自拉丁文的字詞似乎特別能除去刺耳成分 —— 想想「交媾」（copulate）和「陰唇」（labia）就知道了。事實上，一直到不太久之前，若某事物用英文講起來太傷風化，拉丁文就是標準的替代語言。例如艾佛瑞・荷理斯（Alfred Hollis）

---

[37] 關於押韻俚語的更詳細討論，見Hughes (1998)。

[38] 見Allan & Burridge (1991)。

1905年研究馬賽（Masai）部族習俗的作品，便用拉丁文代替過於棘手難以處理的英文 [39]。比方談到馬賽人相信性交象徵天與地的關係時——大地自天空接收溫暖與雨水，女人接受男人的授精成孕——荷理斯就退而改用拉丁文了[12]！

同樣地，拉丁文也能幫辭典編纂者維護面子——唔，這是說那些選擇收錄冒犯字詞、而非完全將其剔除在外的編纂者。拉丁文既能保全編纂者的面子，又能保護天真無辜的讀者。所以我們也就不難理解，pudendum muliebre何以遠勝過屄 [40]。

1959年版的《百萬種循規蹈矩》中，作者蘇菲‧哈蒂達（Sophie Hadida）抱怨，像**地獄**和**該死**這類以前只有——依照她的說法——社會的「墮落分子」才用的詞，現在卻被「社會各階層的人」使用，因此，「不當字詞逐漸滲透了好男孩好女孩的字彙」。也許複習一下拉丁文會有幫助。

---

[39] 詳細資料可見 Allan & Burridge (1992)。

12 此句中的「性交」一詞原文為coitus，即是來自拉丁文。

[40] 見Nathan Bailey, 1730, *Dictionarium Britannicum*，引用於Hughes, 1998:163。

跨文化的髒

沒關係啦，這裡只有妳和我。沒人會幹他媽的知道。

——比爾‧柯林頓

　　粵語有個用途廣泛的咒罵詞，字面意思是「去跌死在街上吧」[1]。挪威語的「魔鬼」一詞，實際使用起來約等於英文的**幹**。說印尼語和阿拉伯語時，最好小心不要說別人是驢子。用拉脫維亞語叫人去大便，等於是在辱罵對方。如果想用法語侮辱人，切記：不管你罵對方什麼，都可以加上espèce de（一種）來加強侮辱效果；顯然對法國人而言，被罵成「一種」某某東西，比單純被罵成某某東西更糟糕。

　　羅伯‧德賽告訴我們，俄語的咒罵詞全都跟性有關[1]，所以美國電影對白裡的排泄物和身體私處常令字幕譯者困

---

1 即「仆街」。

[1] Dessaix於Radio National的 *Lingua Franca*，2004年7月，"Swearing", http://www.abc.net.au/rn/arts/ling/stories/s1154069.htm；V. Erofeyev (2003)。

擾，因為這些「對俄國人來說並不比手肘更禁忌」。根據比爾・布萊森（Bill Bryson）的說法，如果你凌晨兩點打錯電話吵醒芬蘭人，而他或她起來接電話時又踢到腳趾，你就可能聽到一個字面意思是「在餐廳裡」的詞（ravintolassa）[2]。在這類情況下，英文常用單音節、四個字母的**屎**或**幹**，而對芬蘭人而言，ravintolassa顯然是個方便、用途廣泛、適合各種情境的情緒字眼。在此，詞義顯然遠不及清滌效果來得重要。

當然，也有可能是芬蘭人說起ravintolassa的發音特別有「咒罵意味」。畢竟，一名芬蘭記者便曾就其母語的屎字這樣說過：

> 我承認，我也會說vittu……這個字的魅力一方面在於它那種侵略性的發音，兩個「t」迫使舌頭頂上牙槽，另一方面則來自它的粗鄙。這是濃重的低級風格，一時間把言談帶進了陰溝[3]。

讓我們仔細檢視一下有「咒罵意味的聲音」的本質。門外漢語言學有個普遍得令人驚訝的看法，認為咒罵詞的聲音模式放諸四海皆準。我們常聽人說「每種語言都有發/f/音以

---

[2] Bill Bryson, 1990:210.

[3] Malmberg, http://www.kaapeli.fi/flf/malmber.htm.

及／或者/k/音的咒罵詞」這類話。其中的邏輯是，這些聲響具有令人滿意的清滌效果，非常適合發揮咒罵功能。

儘管這種看法直覺上很吸引人，但我覺得其中有些問題。首先，我傾向於認為，字義由於與社會禁忌關係密切，因此比發音更有份量，儘管我也承認字義和發音當然可以合作，就像伙伴一樣，共同達成整體效果。其次，我們已經討論過，咒罵的清滌效果雖然重要，但只是三大功能之一。第三，我找不到足夠的跨語言證據，能肯定指出哪個音確實有放諸四海皆準的功用。第四，連英文本身都很難套用這個「放諸四海皆準的發音」的假設。且想想屎（shit）和**屁股**（arse）──兩者都沒有/f/或/k/音，而且儘管它們確實都有「s」，但那只是字母相同，發音並不一樣。

最後，這看法違反了語言的一個重要原則，那就是字詞與其指稱之事物的關係是武斷的（arbitrary）。在「狗」這個字和那種四腿動物本身之間，沒有任何邏輯關連。以垂直或說歷史的角度，我們可以追溯這個字的語源，查出它何時進入我們的語言，與「犬」（canine）又有何關係，等等。但若以水平的角度，試圖連結意符和意指[2]，則會站不住腳。是的，我們心中有個幼稚的部分，**希望**標籤和事物本身之間有合乎邏輯、天生固有的連結；我們在童書世界裡自然地、聰明地尋找秩序，便是出於同樣的心理。這也是創意文字遊戲

---

2 signifier和signified，一譯「能指」與「所指」。

的一部分，幼童很喜歡這種活動，但很快就放棄，八成是因為功課壓力，而功課在概念上就必須是「玩耍」的絕對相反。

就這麼說「狗狗」這個詞一會兒，讓它在你的舌頭上下翻滾。很棒，不是嗎？我們當然希望狗狗特性跟狗之間有本質的關連。這樣感覺起來很對。狗就是比貓或鳥狗狗得多。所以牠們才是狗啊。「難怪豬叫『豬』。」第一次去農莊的小女孩說。「牠們就是那麼髒。」

或許，如果我們能給英文的「七人」——**幹、尻、屎、尿、嬲、天殺的和屁股**（再加上**該死、地獄、屁、大便和屌**湊成「十二髒肖」）——找出一個模式，那麼也許就有了可以套用驗證的東西。最顯而易見的模式跟音節結構和節奏有關。這十二個詞當中，十個是單音節；另兩個——**天殺的**（bloody）和**王八蛋**（bastard）[3]——都是第一個音節重音，後一個音節弱音。這點也符合**屁眼**（arsehole）和**幹他媽的**（fucking）。這種節奏模式似乎偏好單音節或者字首重音（很適合用做情緒字眼），或者，在節奏較長的情況下，則任何非重音音節之前必有至少兩個重音音節——「abSO-BLOODY-LUTely」（絕**天殺的**對）和「YOU FUCKing SHIThead」（你這**幹他媽的屎**腦袋）。這種節奏的力道跟大部分咒罵的情緒性情境搭配得完美無缺。

---

[3] bastard 並不在上面列出的十二個字之列，此處疑為作者疏漏。

第二種可能的模式在於字首或字尾的輔音。輔音的分類有兩種條件，一是音從嘴巴的哪裡發出（發音位置），二是發這個音時牽涉到的嘴巴部位（發音方式）。

　　在我們這十二髒肖中，一個模式是爆裂音（/k/、/p/、/d/、/b/、/t/）和摩擦音（/f/、/s/、/sh/）特別多。發爆裂音時，嘴巴完全封住，壓力累積，然後隨著發音器官（以/p和/b/來說是嘴唇）分開，壓力突然釋放。所以屄（cunt）和尿（piss）有這種爆裂音效果。至於摩擦音，嘴巴縮窄到可以聽見摩擦的聲響（試著發/f/、/s/、/sh/或/z/看看）。唯一不符合這個輔音模式的是**地獄**（hell）。這個模式的意義在於，爆裂音和摩擦音都會使聲音多出一種粗礪、情緒化的特質，很適合用來辱罵。

　　若要驗證我們以英語建立起的這個模式是否適用於全人類的咒罵，會是項龐大的任務。但我們可以先做個開始。法語的**屎**是merde，似乎缺乏/f/或/k/的因素，且字首不是爆裂音，而是鼻音。然而，由於/m/是雙唇音（也就是以雙唇接觸發音），因此跟/p/、/b/這兩個爆裂音的發音方式相同。此外，merde也是具有清滌效果的單音節，且字尾是爆裂音/d/。日語的「白癡」是バカ（baka），兩個份量相等的音節，兩個音節都有爆裂音，使此詞聽來強硬，很適合其辱罵內容。希伯來語的ben zonah（婊子養的）有一個爆裂音（/b/），一個摩擦音（/z/），一個單音節，和一個重音在前的雙音節詞。另一句希伯來語的罵人話，lech tizdayen（去幹

你自己吧），有爆裂音（/t/、/d/）和摩擦音（/ch/、/z/），音節和重音的分配也很合適，製造出聲響配合詞義的效果。希伯來語也借用了阿拉伯語的咒罵詞，如 koos（屄）。此字在羅馬尼亞語則是 pizda，兩個音節的起始都是爆裂音（/p/、/d/），加上一個摩擦音（/z/），重音同樣也在第一個音節[4]。

因此，不同語言的咒罵詞有若干共通發音成分的這個門外漢語言學概念，似乎有點道理。第一個模式適用於典型的情緒字眼，由單音節或重音在前的字組成，包含爆裂以及／或者摩擦的輔音。第二個模式在於節奏，或說音節重音的分配：「MOTHerFUCKer」（幹你娘）和「COCKSUCKer」（吸老二的）只是兩個例子，且其中也分佈了唸起來鏗鏘有力的爆裂音。

一個咒罵詞若要被人接受為咒罵詞，並有效運作，需要符合若干核心條件。

首先，這個詞必須有冒犯性。你不能拿「桌子」或「樹」當咒罵詞，因為這兩者都冒犯不了任何人。

其次，咒罵詞需要特定的冒犯性，跟溫和輕率的「便便」（poo）、「玻璃」（bum）、「想『抨』一下」（fancy a bonk）

---

4 有趣的是，中文世界一些常用的粗話似乎也符合這個條件，如普通話的「肏」（/ts/，摩擦音）、「屄」（/b/，爆裂音）、「屌」（/d/，爆裂音），台語的「幹」（/g/，摩擦音），粵語的「閪」（/d/，爆裂音）等等。

不同，這類詞可能是也可能不是髒話的簡單例子。

　　第三，該語句必須觸犯一項禁忌，把任何一樣被視為私密的活動拉到公眾領域。

　　第四，咒罵詞必須**有意**造成聽者的震驚或憤怒或不自在。基於這個原因，儘管《蒂許與楚德》這部澳洲片充滿髒話，但我認為不能全稱之為咒罵──其中很大一部分髒話是在家裡說出，已經失去力量，八成也失去造成震驚的意圖。

　　第五，該字詞必須實際存在。儘管科幻小說作家似乎喜歡讓他們的主角口出編造之詞，如「Flarn!」或「Tanj!」或「Skiddlyboo!」，但這些其實只是「徒勞無功的嘗試，想給乾乾淨淨的故事一點口吐髒字的效果」。這些字詞發揮不了作用，因為它們不是實際存在的東西。

　　第六，僅是「實際存在的東西」並不夠，它還必須是眾人廣泛同意為「黏濕噁心的東西」。

　　最後，不管這個字詞指的是什麼東西，都必須「由愛爾蘭人口中說出很像樣」。這句話是一名公眾語言評論者的意見，他自稱「雪貂」，並稱愛爾蘭人為「詛咒大王」[4]。以我的理解，這一點單純是表示該字詞的發音或語氣（雪貂稱之為「咒罵腔」）跟詞義一樣，對效果有關鍵性的影響。

@*%！

---

[4] http://www.theferrett.com/showarticle.php?Rant=34.

有些語言特別著重詛咒，因此有大量現成片語可供各種情況使用。翻譯起來，這些片語的辱罵效果可能會消失，甚至顯得好笑，但我們必須記得，原文用在母語說者之間時，他們立刻能意會到其中辱罵含意的全副力量。

　　不同的語言有不同的模式。比如波士尼亞語的詛咒似乎繞著家人打轉：「願你的小孩在電路裡玩」、「願你媽在學校會議上放屁」。若說波士尼亞人把矛頭指向家庭，荷蘭人則專攻病痛。他們的詛咒內容是希望對象得病，最好是霍亂、傷寒或肺結核。荷蘭語有可供一般廣泛使用的 krijg de ziekte（生病吧），此外也偏好癌症 —— kankerhond（癌症狗）罵男性，kankerhoer（癌症娼妓）罵女性。還真不錯。

　　據稱保加利亞語有以下這句妙詞，還帶有頗具古趣的和好可能性：「把你的奶子甩到肩膀上，一路朝聖去茅房；等你解放了再回來，我們可以重新談過。」看來對於沒奶子的人就沒通融餘地了。不幸的是，我無法從我的保加利亞資料提供者處完全確認這種說法的真實性。一個人說：「這基本上是真的，除了甩奶子那部分……基本上，一個人生氣發火的時候，可能會說類似這樣的話：『你去廁所解放一下，然後我們再談。』」第二個人說他從沒聽過這種說法，懷疑其真實性，因為「長的咒罵在保加利亞語中並不典型 —— 西班牙語或義大利語也不是這樣。」第三個人說八成真有這說法，因為「又長又強烈的冒犯句子在保加利亞語中很普遍。」到這時候，我已經明白，就算再問其他保加利亞人，也不太

可能獲得確認，只能做出結論，這個甩奶子的例子或許有一丁點真實性。

我們知道咒罵很難翻譯得傳神流暢，甚至連原本的效果都很難保持。捷克語有句表示「走開」的罵人話，翻譯起來變成相當技術性的「別在這裡氧化」。有趣的是，挪威人可以罵自己的同胞為「幹他媽的殺鯨魚的挪威人！」，其中顯然充滿諷刺（而且不涉及狂熱環保意識，因為他們對獵鯨此一活動自有其不同看法）。侮辱荷蘭人的母親，完全不如侮辱拉丁裔人的母親那麼惡毒。

然而，大部分時候，同樣的字詞換了種語言，就是缺乏原文的力道。若說英語最惡劣的咒罵詞是屄（儘管也有人會投它的主要對手**幹你媽的**一票），我們不能因此認定此詞的辭典翻譯（例如法語的con或義大利語的conno）跟英語有相同的效果。con雖然也是咒罵詞，但缺乏屄的語用力道，其咒罵度約略等於英語的**雞巴**或**屌頭**：不是什麼好字眼沒錯，但說具侵犯性又邪惡嗎？差得遠了！

巴黎計程車司機不爽的時候，最愛用的辱罵詞或許是connard（約略等於**屌頭**）和connasse（這是陰性──我忍住沒問我的資料提供者，是否有人考慮到女性**屌頭**實際上不太可能存在）。有個朋友的朋友有次去巴黎，很得意自己靠著以前在學校學的法語皮毛也能四處趴趴走，沒碰上太多麻煩，還聽到路上的計程車司機老是罵彼此「鴨子」（canard）。她不知道自己其實是把「屌頭」聽成「鴨子」，還心想法國人

真富古趣，不像澳洲人可能大罵**幹**什麼什麼，反而基於某種難以解釋、但八成根深蒂固且非常值得尊敬的文化原因，用「鴨子」罵人。

　　不同的文化對同一種現象可能尊崇也可能侮辱，一個有趣的例證是鬍鬚。介於男性鼻子和上唇之間這一撮看似無傷大雅的毛髮，在伊拉克等地的文化中佔了很重要的地位，並常出現在各種不同言辭行動中。比方說，伊拉克人用它來發誓敲定一筆買賣：「以我的鬍鬚發誓」就等於我們說「以我母親的墳墓發誓」或者「這點我向你保證」。鬍鬚也用來稱讚人，比方「他的鬍鬚可以停一隻老鷹」，或者用來激勵人，如海珊以「伊拉克就維繫在你們的鬍鬚上」為軍隊打氣。我猜想，在後者這個相當具象的說法裡，愛國的驕傲混雜了男子漢的驕傲，而如此組合能使軍人更勇敢、更優秀。

　　鬍鬚可以靈活運用於侮辱或辱罵，也就不令人意外了 [5]。2003年3月，在杜哈舉行的一場阿拉伯高峰會議上，禮節蕩然無存，因為伊拉克代表罵一名科威特外交官：「閉嘴，你這猴子。詛咒你的鬍鬚。」在這個「臉上的毛髮簡直等於圖騰」的地區，詛咒另一個男人的鬍鬚就相當於挑釁對方打架。相反的，在保加利亞，臉上的毛髮是很方便好用的對女性的侮辱：「妳長了鬍鬚」的字面意思是「妳鼻子下有第三道眉毛」。

---

[5] Jess Cagle, "About Tom"，《時代》雜誌，2003年3月17日，頁15。

從這些例子看來，一種語言裡大部分的咒罵成規對外人來說都是「可不是嗎！」然而，扣掉特別多采多姿的個別案例，對不同語言的咒罵詞做一番巡禮之後——www.insultmoger.com的「咒罵大全」，也就是全球咒罵詞的部分，號稱可以讓你學會「用一百三十三種語言侮辱、咒罵、幹譙、詛咒」——浮現的結果是其共通而非不同之處。這些共通點極為普遍，我們或許可以終於談到一些放諸四海皆準的原則。

　　毫無疑問，咒罵最主要的模式是性和排泄物，這兩者既可單獨使用，也可以加在一起達到更強的效果。性方面的焦點在於性器官，且明顯專注於——好個意外，對吧！——男性那話兒的大小和強度。生理排溢物，尤其是精液、尿液和糞便，在咒罵中很普遍，排出這些東西的孔穴亦然，還有多得令人側目的建議，叫人把什麼東西塞進他自己（或他親戚）的某某部位。用來辱罵男性的多半是各式表示愚笨的詞，或缺乏男子氣概的詞（通常是對男同志的貶稱）。一個非常普遍的辱罵說法，是叫對方或對方的家人去進行同性戀的自慰或肛交行動。

　　用來辱罵女性的詞——又是一項意外——則完全限於她們被認知的性角色和生理功能。事實上，全世界各地都以雜交來辱罵女人（想想英語的「娼妓」、「淫婦」、「騷貨」、「浪女」、「臭婊子」、「賤人」等等）。至於「英語中屄的重大意義來自廣泛且長久以來盎格魯薩克遜文化對女性性徵的不安」這個門外漢觀念，跨文化的咒罵模式比較顯示並無此

據。事實上，對若干彼此沒有關連的語言的咒罵詞做一番採樣巡禮，顯示的結果是，若說使用以陰道為主的咒罵詞反映了該文化對女性性徵的焦慮，那麼盎格魯薩克遜人可是吾道不孤。事實上，這輛「對女性性徵感到焦慮」的列車已經擠得只剩站位了。

另一個主要特點是獸交，不過辱罵對象被比成哪種動物，或者被建議跟哪種動物性交，則隨文化有所不同。我踏遍無數咒罵網站，看到各式各樣的建議項目，從頗具異國風味的角山羊到平凡無奇的農場雞都有。

幾乎所有地方都拿母親做標靶，而且在許多語言中，只消在辱罵的脈絡裡提到母親，就足以正確傳達說者的意思（言下之意指的是什麼行動），如西班牙語的tu madre；非裔美國人的「你老媽」；以及南非索沙（Xhosa）族人說的「你媽的耳朵」。在這些情境下，tu madre足以代替較長的含意：「去幹你母親」，因此本身也變成一個情緒字眼。英語也有類似的例子，如「去你的」；在脈絡中，沒人會真的不清楚這話指的是身體哪一個孔穴，是誰的身體，又是要進行何種動作[5]。

然而許多語言仍堅持要把話說得一清二楚。我聽說，保加利亞語會罵別人的母親在森林裡跟熊辦事；其他語言挑的對象是豬或馬，芬蘭語則是馴鹿（唔，不然還有什麼！）。

---

5 原文為up yours，是叫人把某物塞進肛門之意的簡稱。

其他把母親牽扯進來的方式包括鮮明描述她的身體部位，說她滿身長毛，以鮮明噁心的詞句形容從她身上各種孔穴散發的各種氣味，列舉她各式各樣出於自願與否的性伴侶，以及侮辱她的龐大體型，通常是描述某種特別巨大的公共交通工具可以輕易從她雙腿間通過。

其他祖先也可以被扯進辱罵的對話，接受各式語涉性交或屎溺的言語凌虐。在法希（Farsi）語裡，威脅要跟或宣稱已跟對方祖先或父親的靈魂辦事，顯然是很有用的一招。在巴西葡萄牙語中，你可以說對方的父親既是同志又是狗娘養的，達到一石兩鳥的雙重效果。談到家庭關係，亂倫禁忌或可視為放諸四海皆準的所有禁制之母，因此用於咒罵非常受歡迎，通常是叫被辱罵的對象去幹他的母親、姊妹、女兒以及／或者祖母。

就我的研究範圍所及，只有保加利亞語特別辱罵對方的阿姨。我們不禁想問，保加利亞的阿姨有什麼特別的地方嗎？我的保加利亞資料提供者之一表示，pichkata lelina（阿姨的屄）之所以是個常用的咒罵片語，原因可能在於這個詞的發音，而非「阿姨」有什麼特殊意義。另一名資料提供者建議，這詞若提及母親，就會真的非常有冒犯性，改用阿姨則多少降低了辱罵的刺激性。換言之，這是個委婉語。第三人的看法是，大部分男人都有若干程度的伊底帕斯情結，因此用阿姨而不用母親來咒罵比較容易，比較不會直逼他們的心魔。但這樣一來問題就在於，為什麼保加利亞男人比其他

男人更有伊底帕斯情結，而我並不打算朝這個方向進行討論。再一次我驚訝於保加利亞資料提供者意見的歧異，不只關乎他們母語中的髒話，也關乎他們如何解釋那些詞語的心理因素。

然而，多數地方加諸母親的大量辱罵並非放諸四海皆準。咒罵方式反映一個民族的文化，而關於在咒罵中夾雜對母親的詛咒，一名芬蘭作家是這樣說的：「詛咒母親在天主教和阿拉伯國家極為常見，但若換到芬蘭則無法想像。在那裡，侮辱母親只會讓人大惑不解。」[6]

大部分文化中，咒罵混合了不同程度與形式的髒污、禁制（尤其是亂倫禁忌）和神聖事物。一個特別強烈的模式把以上三類都包含在內，其公式歸納起來很簡單：拿一個宗教人物（如馬利亞或穆罕默德），充分抹上涉及髒污或性意涵的辱罵詞語。想想以下這些句子所混合的宗教、性與屎溺意涵：英語的「幹他媽的聖母馬利亞」或「幹他媽的耶穌基督！」；西班牙語的 me cago en Dios y en la Puta virgen（我拉屎在上帝和幹他媽的聖母身上）；黎巴嫩阿拉伯語的 alif air b'dinak（一千根屌插進你的宗教）。

我們也別忘了另一個遍及各種咒罵文化的特點——加入匪夷所思、光怪陸離的東西。比方模里西斯克里歐（Creole）語有一個片語便提到「你媽的老二」。許多咒罵內容提及的

---

[6] Malmberg, http://www.kaapeli.fi/flf/malmber.htm.

姿勢和招數，對身體各個部位和孔穴——還有手指和肌肉的柔軟度——都有難以達成的要求。或許只有年輕、體格又好的人，才有資格當被咒罵的對象吧。

相對說來，辨識出另一種文化的光怪陸離事物比較容易——「光怪陸離」（bizarre）本身就是個高度族裔中心（ethnocentric）的概念，這或許是需要有人類學家的一個好理由——但要辨識出自己母語中的特異古怪之處就沒那麼容易。比爾·布萊森指出英語的幾項基礎深奧之處，用英語咒罵的人八成鮮少想過這一點：

> 英語很不尋常地包含了不可能和令人愉快的事物……想要表達極度憤怒時，我們會要求我們生氣的對象去做某種解剖學上不可能的動作，或者，更奇怪的是，要求他進行某項幾乎可說一定比任何其他事物更讓他愉快的活動。仔細想想，有什麼比「去被幹吧！」更不可思議的罵人話？我們不如乾脆怒罵：「去發財吧！」[7]

據說某些文化完全不咒罵。這份名單通常包括日本人、愛斯基摩人、馬來人、玻里尼西亞人和美洲印第安人[8]。以我的理解，「完全不咒罵」指的是該語言缺乏非外來的咒罵

---

[7] Bill Bryson, 1990:211.

[8] 此處兩個很好的來源是Montagu (2001) 和Hughes (1998)。

詞，而這個概念可能頗令人費解，甚至違反直覺。思及我們討論過的咒罵的三大功能——也就是清滌的、辱罵的、社會的——很難想像有哪個民族身體協調度好到從不會踢痛腳趾，運氣好到一輩子從不會踩到狗屎，個性又和悅到從不需要表達一時的失望、驚訝、憤怒、痛苦或挫敗（告訴我這個星球在哪裡，我一定立刻訂票飛去）。同樣令人不解的是，儘管人際關係的和諧程度必然是每個社會大不相同，卻有某個社會——除了《超完美嬌妻》（*The Stepford Wives*）片中那種社會——的人從來不需要表達針對或關於彼此的惡意。

　　但以這種方式探討這個主題，是注定要失敗的。在非常真實的層面上，我們用來看東西的透鏡確實形塑了我們所看見的東西。如果我們要找的是相當於英語的版本，那麼大概就會發現「愛斯基摩人不咒罵」。要研究人類文化，這是一種過於天真的看法；人類文化極度複雜，許多人類學家和語言學家都揭露並探索過這一點。

　　我認為，「誰咒罵？／誰不咒罵？」這種二元對立的劃分法，是因為問錯了問題：人／語言是否相同或者不同。我猜，一個比較好的問法可能是：人／語言有何相似？又有何不同？[9] 但若這樣問，就表示願意接受無數的不同點，並面對由此而來的複雜性。我看得出「愛斯基摩人不咒罵」這種簡單明瞭看法的吸引力何在。

---

[9] Lofland，引用於 Planalp, 1999:195。

不同的語言以不同的方式切割世界。就以顏色這概念為例。顏色應該是視覺功能的一部分，因此應該是人類共通處境的一部分。我們或許以為所有語言都會講到顏色。但事實上，英語概念中的顏色絕對不是放諸四海皆準或人同此心心同此理的知覺。許多語言沒有字詞形容顏色，這可能表示該語言說者的視覺經驗不必將顏色單獨分隔出來、脫離此一經驗的**其他**面向。比方英語的「藍」僅表示顏色，但「金」和「銀」除了顏色**還**表示質感（閃亮的表面）。有些語言大量採取這種方式[10]。

當然，顏色只是語言以不同方式呈現的許多概念之一。我們都透過自己母語的尺度或說透鏡看世界，但這一點我們通常不會去想，大部分時候只是認定自己的方式就是正確的方式！此外，如果我們一輩子只知道這麼一種方式，那麼「我的才是正常的」這種感覺就會愈發強烈。

澳洲近期一項公眾辯論正觸及此一議題：確切言之，是說塔斯馬尼亞原住民（Tasmanian Aborigines）缺乏指稱「土地」的字詞[11]。據歷史學家溫夏托（Keith Windshuttle）的說法，原住民缺乏指稱「土地」、「擁有」、「佔有」或「財產」的字詞，因此沒有產權或領地的概念，所以表示他們不會有侵犯僭越他人地產的概念，也就表示他們當年不可能將

---

[10] Wierzbicka, 1999:273-4.

[11] Windshuttle, 2002:110; Reynolds (2003).

歐洲的屯墾殖民視為「侵佔」。然而亨利·雷諾茲（Henry Reynolds）激烈反駁，提出證據顯示當時數種原住民語言都有領地和產權的概念，直指溫夏托居心可議，研究有限，又抱持偏見。

比喻是一種可用來了解跨文化變異的方式。若說以內臟做比喻來表達情緒，是人類經驗放諸四海皆準的核心通則之一，那麼不同民族使用的比喻或許可讓我們一窺各種不同的世界觀[12]。

就從英語開始吧，我們常用「心」來表達強烈的情緒：「我讀到那封信時，心為之一**沉**」；「她走的時候，我覺得我的心**碎**了」；「我懷著**沉重**的心情去做那件事」。由此我們可以推論，當說英語的人感覺自己心下沉、碎裂、變沉重，是一種特別深刻的情緒。

現在，讓我們來思考波蘭語的心。這些心也會碎，此外還會被**擠捏**、**切割**和**撕裂**[13]。中文的心也會感受到切割，事實上還特別說明進行切割的是刀子（我**心如刀割**）。中文的心還會「**焚**」[14]，而其他器官如腸和膽則會感覺「**斷**」或「**破**」6。

卡亞迪爾語（Kayardild）是一種澳洲原住民的語言，其

---

[12] Wierzbicka, 1999:297.

[13] Wierzbicka, 1999:298.

[14] Chun (1997)，引用於Wierzbicka, 1999:301。

6 如「心焦如焚」、「嚇破膽」、「肝腸寸斷」等。

切割和**破碎**的情緒發生在胃部 [15]。器官不同，痛法不同，強烈情緒則類似。語言學家安娜・維茲碧卡（Anna Wierzbicka）明智地不願輕易等同不同文化的情緒，因此只列出少數放諸四海皆準的情緒，還加上「～類的」一語——「憤怒類的」、「畏懼類的」[16]。

　　若我們認為咒罵主要跟負面情緒有關（這表示此處的討論排除社交咒罵此一類別），那麼理解不同文化如何表達負面情緒，可讓我們從而探究其中是否包括以及如何包括咒罵。但文化「多樣性」既是文化「之間」也是文化「之內」的建構。我們知道，即使同一文化的人，表達能力也有極大的差異。若不記住這一點，就會落入刻板印象的老套，如英國人全都矜持內斂，澳洲人全都輕鬆隨意，美國人全都大嗓門，德國人全都愛吵鬧。不同文化的人各有不同，同一文化的人也各有不同，這點只消看看我們自己的家人就能明白。

　　負面情緒的表達方式或可視為一整道漸層光譜，峇里島人八成落在接近不動聲色的一端。峇里文化預期他們表達正面感受，但隱藏負面感受，因為他們相信後者會減弱生命力、侵蝕力量、讓人容易受到他人惡念的攻擊 [17]。同時他們卻又很敏感，很容易察覺可能暗示其他人有負面感受的微

---

[15] Evans (1994)，引用於 Wierzbicka, 1999:302。

[16] Wierzbicka (1999).

[17] Wikan (1990)，引用於 Planalp, 1999:210，221。

妙信號。類似的，馬來西亞的奇旺（Chewong）人偏好保持不動聲色的日常鎮靜態度，因此也可以放在此一光譜不動聲色的一端。

位在另一端的語言和民族，其文化不但支持而且預期他們充分表達情緒。在最極端的這一頭，有些文化對情緒表達抱持著「通風式」的看法，相信壓抑情緒是不健康的[18]。提出清滌概念的亞里斯多德很適合置身於此，當代西方社會許多人亦然，他們認為心理諮商和談話療法對身心健康是不可或缺的。南太平洋若干社群會進行情緒治療的儀式，比較著重於維繫社群的人際福祉而非個人健康，但對所有人而言都能發揮清滌釋放的效果[19]。

例如麥克羅尼西亞的伊法路克（Ifaluk）人有一種「理由正當的憤怒」的概念[20]，有大致可算既定的劇情角色分配給被冒犯和冒犯人的雙方，每人一組情緒，以道歉或賠償做為補救方式，甚至還有情緒顧問的角色，其主要功能是督促被冒犯的一方摒棄不好的念頭，恢復平靜。也許跟高階主管的人生顧問差別沒那麼大？繼續往勇於表達的一端走，我們看到說俄語、法語、義大利語、德語的人享有善於表達情緒的文化，有大量咒罵詞可以使用。

---

[18] Planalp, 1999:220.

[19] Planalp, 1999:222-3.

[20] Kluz (1988)，引用於 Planalp, 1999:228。

但就連這樣的光譜，漏掉的東西還是跟說明的一樣多。若說「表達」指的不是顯露，而是指該情緒在該文化中是否受到重視，那麼情景就為之一變。例如在中國鄉間，情緒的顯露以西方標準看來十分鮮活，但這些情緒並不受重視[21]。情緒的爆發不被視為危險，但也不被視為有達成任何目標的用處，所以等於毫不重要。

　　因此，各種文化表達及管理負面情緒的方式是非常多樣化的。以日本人為例，許多為文討論咒罵的作者都宣稱日本人不咒罵，日語沒有咒罵詞。當然，許多日本人一般都不願承認自己咒罵，不願承認他們的語言有咒罵的字彙。追問之下，他們可能會承認惡い言葉（壞字詞）的存在，然後勸你永遠別用那些字詞。而且這種緘默的態度很普遍。

　　我的資料提供者之一是個娶了日本太太的英國男人，他拿我用來收集日語資料的問題去問妻子，她說她幫不上忙，因為她不知道任何日語的咒罵詞。各位，她說這話時可是睜著大眼一臉無辜，儘管她丈夫完全清楚她的咒罵本領，而她也清楚他知道，因為他對此有第一手的經驗。可不是嗎！

　　長期旅居日本的美國人傑克・西渥（Jack Seward），對日本人和日語做了一番研究[22]。他寫道：「我非常不……相信……日本人沒有互相侮辱的能力。最後我終於醒悟……

---

[21] Potter (1988)，引用於 Planalp, 1999:206。

[22] Seward, 1968:172.

（我遇過的所有日本人）都參與一項龐大之至的陰謀，阻止我們……用他們的語言侮辱自己——也侮辱他們。」他稱這種現象為「壞字詞陰謀」。

雖然日本人這個民族據稱不咒罵，但其語言中仍有許多字詞呼應其他比較不羞怯、咒罵比較公開的文化所專注的主要事物。www.insultmonger.com的咒罵大全列出了兩百多個日語咒罵詞。一如任何咒罵詞的列表，這些詞並非所有人都可以在所有情境用在所有人身上。此處主要的變數在於性別、年齡及階級因素，如老闆與職員。此外，任何這種列表上的字詞都可能過期，或者用法有所改變。然而，這些詞仍提供了可取用的資源，隨情境條件改變。

讓我們來探討一些典型的日語咒罵場景，從清滌類型說起。如果你撞到頭或者不小心割傷，可以說いたい！（好痛！），此詞也有個比較不禮貌的形式（いてい）。然而，如果尖峰時間有人在地鐵裡踩到你的腳，你或許會冒出一句いたい，但不會咒罵對方。這點與其說是有禮，不如說是大批人群朝四面八方前進、而且每個人上班都快遲到的作用。

一個非常普遍的說法是まづい，約略說來或許類似「哦，討厭！」比方你在公共場合，在一些正式文件上簽名，結果寫錯字，於是你冒出這句人家聽得見的情緒字眼，這是可以接受的，因為別人明白你是在自言自語。這是踢痛腳趾型的清滌釋放，不針對任何人。類似的用語還有しまった（要命）或ちくしょ[7]（**地獄！該死！**），比方你坐地鐵坐

到半路，才想起把一樣重要的東西忘在家裡；或者你正在開車，突然意識到有個輪胎爆胎了，這事發生得真不是時候（不管什麼時候都不是時候吧？）；或者你剛接到成績單，消息不大妙。

以侵略性的發洩詞彙而言，日語也有大多數語言常見的焦點如排泄物、排溢物、性器官、性活動，包括（但並不比其他任何語言多）變態的性活動。若說他們這方面的詞語有何不同，就是比英語更多指稱而較少情緒。他們也有其他常見的詞如「他媽的滾開！」、「去被幹吧！」、「你他媽完蛋了」、**屎**和**屁眼**。此外，一如所有語言團體自有其與眾不同之處，日本人也有他們獨有的表達方式。

他們顯然不喜歡蘿蔔腿或O型腿的扁胸女人。還有老婦和老頭，尤其是長得不甚美觀、卻握有某種權威的，特別容易被當成標靶。一般的注目對象如醜、肥、髒或怪也有各種詞語表達，其中有些可能有辱罵意味，有些比較友善，有些如今已相當老式，有些帶有輕微責備之意，比方母親對孩子說話。這些詞按字面意思翻譯起來可能頗為古怪，如**金玉**（きんたま，金色睪丸）、**宇宙人**（うちゅじん，外星人、異形）、ころしてやる（我要宰了你）、へそまがり（奇形怪狀的肚臍／怪胎）。但話說回來，我們先前也談過，「去幹你自己吧！」也相當怪異，就算只從生理角度而言。

---

7 漢字寫做「畜生」。

已有人指出日本人對於性不像西方人那麼執迷，態度較為坦率、現實。西渥說：「對他們而言，性與道德問題無關，並不帶有邪惡的污名……一如日本文化中的所有活動，性被安排好一個位置，有各式規則，但在這些規定好的界限內，他們積極從事並樂在其中。」[23] 因此，很合理地，性在日語中比較不是禁忌，不像好幾個世紀以來的英語。

　　至於何以如此，則人言人殊。有一種觀點認為這跟日本的創世神話有些關係[24]，其故事非常直接了當：男神遇到女神，雙方交換關於自己身體的資訊，包括彼此男性特質及女性特質所在的位置，然後就開始辦事。沒有什麼肋骨啦、蛇啦、蘋果啦、失落的天真啦這些節外生枝的東西。他們搞清楚該怎麼做，彼此達成共識，然後就動手了。

　　回到女人這個主題，我們已討論過，各地咒罵文化中一個放諸四海皆準的特色就是：女性，尤其是母親，似乎特別容易受到辱罵。日語也不例外。ばば一詞意指「老婦」，可以加上各式各樣侮辱的形容詞（包括皺兮兮、沒牙、活像狒狒、鯊魚皮、駝背、魚臉、乾巴巴、乳房下垂、洞口生鏽、梅乾臉等，任君選擇）。此處顯然傾向使用複合形容詞，提供完全DIY的侮辱資源。對於這種辱罵，一種解釋是日本女人年紀一大就（據稱）「容易比西方老女人完蛋得更快也更

----

[23] Seward, 1992:127.

[24] Seward, 1992:127-8.

徹底」[25]。據說她們年紀一大就變得尖牙利齒、作威作福，但這也可能是在丈夫和婆婆面前忍氣吞聲多年之後苦盡甘來的絕地大反攻[26]。

在侵略性的咒罵場景中，日本人最常用也最強烈的詞是バカ，其字面意義為「笨蛋」、「白癡」、「沒大腦」或「傻子」。バカ的字面意義在英語中相當溫和，完全傳達不出其語用力量。字詞和意義在不同文化中有不同的運作方式。別忘了，法語的con也是相對而言比較溫和的字。英語的王八蛋翻成日語是**私生子**（しせいじ，不合法的孩子），但沒有英語那種令人羞慚的污名。污名是存在的，但就跟很多其他日本事物一樣，語言避免提及，於是它變成又一個無法啟齒的詞語。另一方面，代表鄉下人的詞（等於我們的「土包子」或「鄉巴佬」）在日語中就有很強烈的意思，因為在這個國家，戰後復興的奇蹟使其從鄉村經濟迅速轉變為工業化經濟巨人，人們對傳統事物抱持輕蔑的態度。由於日語咒罵詞翻成英語都顯得溫和，因此或許造成了日本人不咒罵的這種門外漢概念。

《日本時報》（*The Japan Times*）日前報導了城市環境中的所謂「バカ爆炸」[27]。在社會迅速改變、經濟日漸不穩

---

[25] Seward, 1968:174.

[26] Seward, 1968:174.

[27] Ashby (2003).

的脈絡下，バカ的使用頻率被視為公眾的煩躁指數。換言之，バカ已經存在很久，但使用它的情境門檻則變低了。失去社群的歸屬感，個體性、自主性等西方概念的影響日益增強，都與此一現象有關[28]。我有個資料提供者長期旅居國外，生於美國，四處遊歷，能說好幾種語言，對文化差異很敏感。他悲哀地表示：

> 恃強凌弱的事在社會各階層層出不窮，幸好日本對槍枝的管制很嚴。バカ也是其中的一部分。沒人希望被罵「笨」，但從會走路起你就一直被罵，也許要罵到你死的那一天。而且死後還不放過，比方有句話就是「那個笨蛋就這麼死了」。這或許是我的視角問題，其他人八成會罵我バカ[29]。

社交咒罵自有其成規，比方一群朋友談到另外一個人時，你可以預期聽到用途非常多端的バカ（白癡）、くそたれ（白癡）、くそじじ（笨糟老頭）、あほばぁちゃん（笨老太婆）。顯然，腦力（缺乏）和年齡（太大）是特別的攻擊

---

[28] Takeshi (2003)（譯按：根據原書後所附的參考書目，此段參考出處應為《バカの壁》一書，作者養老孟司 [其姓名羅馬拼音為 Yōrō Takeshi]。然而原參考書目中誤將養老的姓與名倒置，列為 Takeshi, Y.。特此說明。）

[29] LH 與作者的私人通訊，2003 年 10 月。

目標。或許，在這樣一個勞動力愈來愈走向以知識為本、且敬老尊賢的傳統迅速瓦解的國家，這種咒罵並不令人意外。

儘管有以上這些例子，仍有人主張日語不如英語的咒罵那樣「就是漂亮，有持續發明的能力和令人瞠目結舌的力道。」[30] 寫這句話的人母語是英語，因此有先天的偏見。事實上，評估關於咒罵的比較研究時，分析者的偏見是很重要的因素。請看這名芬蘭作家怎麼說：

> 我敢誇口，我們芬蘭人有很精采的詛咒詞彙。聽說土耳其人這方面也很豐富。另一方面，法語的詛咒實在不值一哂，而英國或美國人的咒罵——不好意思——我也覺得不怎樣。

她繼續如是說，我們聽得出其中的驕傲：

> 我們（芬蘭人）有著四面八方收集而來的咒罵詞。傳統的 perkele 是古早向波羅的海借來的，是我們的詛咒之王，意為「魔鬼」。perkele 來自於無法控制的自我深處，迴盪著杉林和斧頭的聲響[31]。

---

[30] Seward, 1968:173.

[31] Malmberg, http://www.kaapeli.fi/flf/malmber.htm.

至於所謂日本人不咒罵，或者日語缺乏咒罵詞這種說法，我認為有欠研究。日前有人對日本典型的年輕大學生階層做了份簡短問卷，結果得到許多等同於「閉嘴」、「去死啦」、「下地獄吧」和「他媽的滾開」的詞句，還有各種對年長者的辱罵詞，尤其是老女人，辱罵內容則涉及不守婦道以及／或者臀部太大。

　　然而，若說日語不像英語這麼需要咒罵詞，這種論點也有其理由。首先，宗教的地位不同。基督教的上帝是信徒深深敬畏恐懼的對象，但日本傳統的敬畏和恐懼則分散（沖淡？）於許多不同的神祇之間，使宗教影響力大為減弱，而這也反映在什麼事物被視為禁忌。事實上，戰後日本社會愈來愈俗世化，意味著宗教如今的影響力甚至比以前更小。

　　其次，基於也與體制和教條有關係的理由，日語中代表身體部位、生理功能和產物的字詞完全沒有那麼強大的力量，不像其他宗教曾蔚為體制的國家。

　　然而，這並不是說日本人就沒有禁忌。他們最大的一項禁忌就是無禮或侮辱。「壞語言」這個詞事實上指的是「無禮的語言」。一位研究日本語言及文化的專家曾告訴我，日語的咒罵就是打破禮貌的禁忌，而在日語中，要打破這項禁忌有很多很多種方式 [32]。正因為日語自有其特定的、符合內部邏輯的方式可以表達無禮和侮辱，因此就不需要那麼多

---

[32] Marguerite Wells 與作者的私人通訊，2004 年 3 月 20 日。

自成一類的咒罵詞。然而，這絕不等於「日本人不咒罵」。

對日本人而言，「好」語言是確切地、儀式性地遵循有禮的公式[33]；而壞語言則是打破那些公式。對母語是英語的人來說，學日語最大的挑戰或許就在於了解並實踐日語對話儀式的規則。青木與岡本專為母語是英語、住在日本的美國人寫了一本書，教他們如何學好日語。書中大量舉例，清楚說明這兩種語言的交集何在[34]。他們的重點不在於字詞的辭典定義，而是強調字詞在特定情況下的不同意義。這點在日本特別重要，因為不平等的權力關係影響你可以自我主張的程度；以青木和岡本的話來說，就是，在日語中，「封建制度依然穩固存在」。書中有一章專門討論如何選擇適合的「自我主張語態」，舉出十九個不同的情境為例，包括：「當你想不出該怎麼說的時候」、「當你想採取低姿態的時候」、「當你想避免做出承諾的時候」、「當你想間接表達有所保留的時候」，還有我最喜歡的：「當你想表示你沒死，只是在思考的時候。」

所有語言中都有社交取向的語言（以維繫關係為優先）和資訊取向的語言（以完成任務或傳達訊息為優先）。以下這段對話，是我某個星期一在附近的肉店跟友善的老闆閒聊，而前一個星期六我買了大量的肉準備烤肉：

---

[33] Marguerite Wells 與作者的私人通訊，2004年3月20日。

[34] 青木（Aoki）& 岡本（Okamoto）（1998:218）有大量清楚的說明。

我　　　　　：早，丹尼斯。

肉店老闆(1)：嗨，露絲。星期六的雨有沒有掃你們烤肉
　　　　　　　的興？

我　　　　　：其實沒有，很奇蹟的，雨一直等到客人都
　　　　　　　走了之後才下。

肉店老闆(2)：那很好啊！

　　　　　(3)：好，今天想買些什麼？

當然，我們很難知道丹尼斯這麼友善是因為他喜歡人，
還是因為他琢磨出友善的態度有助生意。但這點在此並不重
要。這段對話中，他的第一句話就是社交取向的語言，第二
句也是，直到第三句才轉為資訊取向。

日語難倒來自其他語言（如英語）背景的人，就在於社
交取向的語言。日語中的社交取向語言有兩組副分類，每一
組又各有三個層級。第一組副分類叫敬語，針對的是你正在
交談的對方，也就是「受話者」（addressee）；這個副分類又
分為非正式、半正式和正式三個層級。第二組副分類叫「尊
敬語」，針對你正在談論的人，稱為「指稱對象」
（referent）；這個副分類也有三個層級：謙遜的、中性的和
尊敬的。對於日語如此複雜的分類，我們在此不需進一步詳
談。顯然，一個如此煞費苦心將各種公認的儀式加以編碼規
定的文化，一定會重視、維護這些儀式。日本人保護禮貌的
方式，就是讓無禮成為禁忌。如此一來，這套規則不論要遵

守或打破都變得十分複雜。

我們或許可以主張，日語文法非常有效率地包含辱罵的潛能，使得類似英語的咒罵詞——不管是單獨成立或加在句中——變得其實多此一舉。就以日語的「你」這個代名詞為例。首先，先來複習一下我們對英語中的「你」有何了解。不管工會規定如何，英語的「你」工作超時、身兼數職，它負責的種種功能在其他語言會分為好幾個不同字詞。我們的「你」可以當單數也可以當複數，可以是小孩或動物，可以是受到高度尊崇或畏懼的人，可以是任何人（比方這句指示：「你依照圖示拿起鑽子」）。當然，人們了解話中說的是哪個「你」，大多靠脈絡推論，若不確定，便會尋求確認（你是指我一個人，還是指我們這裡所有人？）。如果人們感覺需要一個明顯的複數，某些言談社群就會創造出新字，例如「你等」（youse）、「你們」（y'all）、「你們全部」（yezall）。

至於日語，「你」的詞彙分類是如此精細，甚至只消加以操弄運用，就可以達成辱罵目的，而絲毫不需要說出任何像**幹**這麼粗俗的字。我們必須記住，在日本社會中，「鮮少有人被視為完全平等」[35]。理所當然，父親、丈夫、老闆和教師以高姿態分別對孩子、妻子（出門在外的情況）、職員和學生講話。與其他人互動時，你對對方階級是高於或低於你的評估，就編碼存在於你所選擇的語言中。

---

[35] Seward, 1968:121.

這解釋了日本人何以如此重視名片和介紹信，好讓人們知道在社交場合如何對待彼此。出席社交場合時，知道在場的有誰，對日本人來說是件很安心的事；若有客人彼此毫不相識，事前收到對方的身家背景資料也不是新鮮事。在一個相對階級如此重要的社會，找出一套繁複的前綴敬稱系統來運用，是很合邏輯的。操弄運用這套代碼，日本人就可以傳達辱罵的意思，而不需要實際說出英語意義裡的咒罵。比方說，一種普遍的冒犯方式，就是在該用較高階級時卻使用較低階級的「你」。

　　讓我們想像一個尊敬量表，用以衡量日文中可供選擇的「你」的形式，以十分表示階級超高、具有神祇般地位或權力的人。二或三分的是おまえ，用來指小孩和狗和其他地位低的類似對象[8]。五或六分的君（きみ）用來指下屬、年紀較輕的朋友、女友（但不用於男友），有時也用於小孩。七到九分的あなた用於成年同儕、顧客，或不知其名的成年人[9]。九到十分的樣（さま）是後綴，加在人名後或者比方「客人」一詞後，變成類似「尊敬的客人」之意。若不用人名，就要加上前綴敬稱お。因此お客樣（おきゃくさま）約略等於「哦如此可敬的客人」。英語中最接近這種口吻的或許是銀行、保險公司或其他企業寄來的廣告信，寫給「深受

---

[8] 此字亦用在親密關係中男對女的稱呼，如丈夫對妻子、男友對女友。

[9] 亦用於妻子稱呼丈夫。

重視的親愛客戶」。

教師特別受尊敬，在其姓氏後加上**先生**（せんせい，有學識的智者）。此詞也用在醫師的姓氏後。稱呼教授用**教授**（きょうじゅ），稱呼警員用おもわりさん——如果你想拜託他高抬貴手不開罰單的話。若你稱呼警員おまえ，後果就得自負——你不但會被開罰單，車子還會被搜。

此外，有一個深具辱罵意味的「你」是きさま，在尊敬量表上的分數大概是負十。此詞完全是罵人話，差不多等於「你這幹他媽的屁眼」。奇特的是，或者說反諷的是，這個冒犯性的「你」卻包含了高度尊敬的後綴さま[10]。也許這個詞的組成可以約略翻譯為「您，可敬的先生，是個幹他媽的屁眼」。一名資料提供者告訴我，「『你』的形式有許多可用的文法選擇，足以取代許多咒罵。這就是日本人想天殺的無禮時常用的做法。」[36]

日語還有特殊的說話方式，使辱罵之意幾乎跟句義無關。あなたね**最低な**男だよね這個語句，意思是「你這人真卑鄙！」，或者，由於其語氣極度正式，可以翻譯為「您，先生，是個無恥之徒」。其內在邏輯使這句話具有強大的辱罵攻擊力。若要達到最強烈的效果，就得使用我的資料提供

---

10 同樣諷刺的是，這個詞的漢字寫法看起來也十分尊敬：「貴樣」。（前文提到上對下使用的おまえ，漢字則可寫做「御前」。）

[36] NF與作者的私人通訊，2004年3月。

者之一所謂的「來自地獄的聲音」：冰冷、平板、直接，逼得對方毫無退路，就算是不共戴天的仇人你也不會想這樣對待他（又或者你也許會想）。

英語中類似的語氣效果，或許是成天臭著臉的青少年所嘀咕的「隨便啦」。僅僅三個音節，卻包含了無比不屑。日文那句話比較溫和的版本，可以透過語調的抑揚頓挫達成，讓對方有個退路。被辱罵的對象有幾種選擇。他們可以勃然大怒，但不回應那句侮辱，知道那句話的爆發只是一時激動，若報以極端的回應，反而可能火上加油。這又是另一個例子，顯示語言內部邏輯讓日本人可以咒罵，卻不是用英語的方式咒罵。

有一種工作會讓你時時提心吊膽，還可能讓你迅速惹上麻煩，那就是同步口譯 [37]。碰到傳達文化態度或個人感受、但不能照字面意思直譯的語句，譯者就必須特別用心留意。譯者必須傳達咒罵詞或怠慢之言的意圖和語調，但自己不能被「感染」。同樣的，翻譯笑話時，譯者需要一層「濾網」，將幽默有趣之處傳達給聽者，自己卻不能一起笑倒。

先前談過，不同文化的語言，表達視覺經驗——英語所謂的「顏色」——的方式也不同。同樣的，在表達負面情緒方面（這或許是人之所以咒罵最有力的理由），不同語言也

---

[37] Elsa-Maria MICHAEL 在歐洲議會，http://www.aiic.net/ViewPage.cfm/page1102.htm。

有不同的編碼方式。我們要避免犯下先入為主的錯誤，分析跨文化咒罵時不要加進自己已在別處預先形成的概念。換言之，不能用英語的眼睛去看日語。否則，我們很可能會覺得日語的咒罵詞彙很貧乏。

至於據稱同樣不會或鮮少咒罵的愛斯基摩人、北美印第安人和玻里尼西亞人，在我有機會探討他們的語言之前，我仍固守原來的立場，認為箇中其實是有放諸四海皆準的原則，再加上各地不同的特色。但，嘿，我很願意做這項研究——為期六個月、費用全包的假期，在南太平洋島嶼進行第一手的語言學田野調查，或許是很合邏輯的第一步。我得跟出版社好好談談。

楔子

他媽的那些大規模毀滅武器到底在哪？

——喬治・W・布希

「我愛咒罵。」接受我訪談的一名女子這樣說。「他媽的誓詞！真的能讓我表達自己。」「嘿，咒罵對你有好處。」另一人說。「幫你把壓力全發洩掉。天殺的壓力可是有毒的。」「沒人幹他媽的可以告訴我該怎麼講話。」第三人兇巴巴地說，詞句和語氣都在警告我退遠一點。

這些可說是街頭觀點。這是你攻擊別人的身分認同時會得到的、反射動作一般的觀點，因為中傷別人的說話方式，就等於——也會被理解為——中傷那個人本身。上面舉例的三個女子那樣說，是刻意表示顛覆；等到安靜下來，進行一對一討論的時候，她們都承認不喜歡自己的小孩說髒話，她們求職面試時、在老闆可能聽見的地方，或去小孩的學校時也不會咒罵。這種自我審查顯示，儘管擺出張牙舞爪的態度，但她們已徹徹底底內化了社會的禁制。

無論如何，站在咒罵這一邊的人，傳達的並不是上層階級的觀點——象牙塔、CBD裡四面都有觀景大窗的執行長辦公室，或任何會因維持現況獲利的人。而且，大致說來，反髒話的陣營已經打了勝仗。一旦既有權力給某種說話風格加上污名，該風格就變成錯誤示範的榜樣[1]。各方面證據顯示，這種做法跟語言的「品質」或「純度」或「優雅」沒有什麼關係，重點在於握有權力，讓你自己的風格變成官方批准的風格。

　　換言之，勢利眼或階級歧視顯示在語言上。這種態度滲透到中產階級，而此一階級投注大量心力加以維持，因為他們接受了（也是徹徹底底）上層傳下來的訊息，認為「粗俗」語言是不合標準的，也因為中產階級的他們永遠力爭上游。其企圖心有很大一部分來自於畏懼，深怕被視為粗魯無文的一般大眾。

　　關於髒話，存在若干迷思，其中充斥著對語言的嚴重無知，這種無知使人們容易接受沒有根據的偏見，尤其是跟身分認同與感受認知有關的、勾動他們深層需要和願望的偏見。人們大多對語言保持著言語衛生專家的態度，視之為好或壞、道德或不道德——有點像飲食失調病患對食物的分類法[2]。是同一股力量驅使人留意遵守文法細節，也驅使人視

---

[1] Trudgill (1975).

[2] Cameron (1995b).

咒罵為問題，就像精緻花園裡的雜草，一桶鮮美蘋果中爛掉的那一顆。

　　而且，迷思會持續下去。對咒罵做了大量研究、寫了兩本相關書籍之後，明言要改變溝通科學對咒罵的看法的提摩西‧傑做出相當沮喪的結論，認為他的努力不太可能對人們的想法造成影響。部分是因為人們喜歡相信自己喜歡相信的東西，不管有多少相反的證據；此外，部分也因為「審查體制」——傑用此詞指組織化的宗教、媒體、法律、政府、教育當局、家庭、社群——施加各種審查功能，助長人們的無知 [3]。換言之，即是經過編排、設計的錯誤訊息——喬姆斯基（Noam Chomsky）所謂的「製造共識」（manufacture of consent）也就是這個意思 [4]。你可能會認為這種審查做法是有系統、有方法、有計畫的，或者是隨機、紊亂、有機的，端視你是否傾向相信陰謀論。無論如何，結果都是迷思持續下去。

　　而這些關於咒罵的迷思是什麼？要了解這些迷思，我們或可視之為衍生自三種視角的關於咒罵的觀念 [5]。這三種視角本身並非分離、個別的，而是一致的，可以並存，不過抱

---

[3] Jay, 1999:266.

[4] Herman ＆ Chomsky (1995)。此詞原由美國記者 Walter Lippmann 所創，他在1921年說過：「民主的藝術需要……製造共識。」http://www.zpub.com/un/chomsky.html.

[5] Jay (1999).

持這些觀念的人通常比較偏向其中一個角度。

第一種角度以毫不情緒化的態度看待咒罵，認為它並不重要。可以說是捕風捉影[1]、大驚小怪。就這些人看來——其中包括史蒂芬・平克——咒罵並不真的是「語言」，反而比較像黑猩猩的手勢，也許該稱之為「超語言」（extra-lingual），總之沒有什麼意義。下次你家青少年罵你**幹他的蠢才**時，記住這點就是了（反諷的是，對你家青少年的言語辱罵置之不理而非火上加油，可能正是最明智的行動方針，但那跟咒罵是否可以歸類為語言毫不相干）。

第二種角度採取審查態度，這些人就激動得多，認為咒罵是我們在**智人**歷史此一時期的生活所產生的一種作用。這種觀點是譴責的（咒罵是壞事）、擔憂的（情況愈來愈糟）、目標集中的（情況最嚴重的是青少年）、保護性的（幼童應該受到保護），但基本上仍然心懷希望（這情況還有藥可救）。這種態度，部分交織著對據稱比較溫和、比較美好的往昔世界的懷舊之情。我們無法以實證檢驗這套理論，因為關於那據稱安寧又美好的往日，資料非常缺乏。然而，提摩西・傑建議那些認為咒罵是現代疾疫的人「想像一下當時的對話模式……在一七〇〇年代的妓院，在美國西部的酒吧，在澳洲的內陸荒野。」[6] 還有很多其他地方或許也可包括在

---

1 原文 Much ado about nothing，是莎士比亞一部劇作名。

[6] Jay, 1999:258.

內。

前文談過，如果你選擇把咒罵趕出人生，有很多自助書籍、課程和諮商服務可以幫你管住舌頭，克服惡習。這種方式把咒罵視為跟抽菸差不多的惡習，因此，如果不久後我們看到類似戒菸口香糖（也許他們會建議以嚼口香糖的方式使嘴巴無暇咒罵？）或戒菸貼片（也許拿普通膠布貼住嘴巴這個緊要部位會有幫助？）的產品上市，或許也不必太驚訝。

第三種角度純粹是語言勢利眼。這正是受過良好教育、家境富裕的人，看待教育程度較低、經濟條件較差的人的語言的態度。事實上，所有文化都有各種語域和風格，各有其不同目的；只是由於文化中的權力分配因素，讓有錢有勢的人可以給自己的語言貼上「標準」或「正常」或「中性」標籤，而沒錢的人的語言就是「不合標準」——充滿各種毛病與缺陷。這跟族裔中心主義沒什麼不同，一個民族將自身文化視為常規，其他不一樣的文化都是異國風味或怪異的。

再說一遍彼得・楚吉爾的明智之語：如果你不喜歡某人的口音，那是因為你不喜歡那人的價值觀 [7]。「ain't」（am not）和「youse」（第二人稱複數）這些形式並沒有天生的缺陷或問題——事實上，基於語言學理由，還可以大力主張把「youse」加進英語，好讓大家都能享用。但這樣當然也不會有幫助——畢竟，這些不受尊敬的形式之所以被看輕，是因

---

[7] Trudgill (1975).

為那些最可能使用它們的人也被看輕，更加強了「我們這種人」和「他們那種人」的分別。

與這種語言勢利眼態度一致的，還有另幾個相關偏見，認為咒罵者缺乏自制力，言語貧乏，懶到不行。首先談缺乏自制力。這種對咒罵者的看法相當異想天開，認為咒罵是自動的、非隨意的，類似眨眼或嘔吐（兩者不一定同時發生）。他們建議的解決之道是紀律，也就是肢體暴力的委婉說法。似乎沒人想過要問：「紀律」怎麼能阻止被視為不隨意的行為？你試過在需要嘔吐的時候強忍住嗎？

語言勢利眼的第二種偏見是，咒罵者缺乏足夠的字詞（也許可說是詞彙貧乏，搭配他們的貧困住區），而且生性懶惰（艾因・蘭德［Ayn Rand］會說：畢竟，如果他們夠勤奮、有效率、有企圖心，就不會住在貧困區了）。奧斯卡・王爾德（Oscar Wilde）曾以他典型的勢利調調說：「情緒字眼是半文盲的避風港。」

但這種輕視觀點來自一套非常站不住腳的語言生產模型[8]，其內容如下：說者使用咒罵詞的原因有兩種，要不就是心智太懶散，不肯在腦海裡翻尋適當字詞，要不就是詞彙太貧乏，根本沒有適當字詞可用，所以就算翻尋也是徒勞無功。提摩西・傑指出這套模型的荒謬之處，要我們想像一個人想說：「今天消費者物價指數下降了。」然而，由於字彙

---

[8] Jay, 1999:259.

貧乏或懶惰，這人只能說出：「今天幹他媽的下降了。」事實上，沒有適當字詞可用的人可以（也的確會）用各種其他方式來傳達這一點，例如遲疑（呃、啊）、填空（你知道）、重複（那棟建築⋯⋯那棟建築）、重新造詞（舉辦展覽的那個地方），或者含糊以對（那玩意兒）。不然他們也可以搔搔頭，承認想不出正確的詞，再不然還可以請求對方協助（那種東西叫什麼？）。然而人們隨機咒罵並不是因為想不出適當的詞。他們可能會說類似「今天幹他媽的消費者物價指數下降了」，那但是完全不同的另一回事。

我想，這種觀點的錯誤在於把語言視為單一、不變、邏輯而固定的。也許有些人希望語言是這樣，如果確實如此，也無可厚非，我們都有自己的願望。但現實情況是，語言比較不像大教堂，而像滿地蔓生的植物。同時，語言有大量變化，受規則規範（但不見得合邏輯），有彈性，會更動。字詞會有各種更動，增加新的微妙差別，重新排列組合，多出新的外延意義。沒有字詞能免疫於這些趨勢和影響，就連最髒的字詞也不例外。

一網打盡、一以貫之的規則實在沒什麼用。據報導，一位姑隱其名的「雪梨上流社會重要人士」說：「最能顯示一個人斤兩的，莫過於不了解咒罵的精髓。」[9] 她接著說明，偶爾在緊要關頭選擇使用一個咒罵詞，可以強調重點或增加

---

[9] *The Sunday Telegraph*，2002年5月5日，頁21。

刺激或傳達情緒，但不用大腦的一再愚蠢重複咒罵就是另一回事，顯示那人神經大條，或者根本就是社交文盲。

咒罵詞呼應社會的禁忌。「上帝」、「耶穌」、「馬利亞」和「聖母」很長一段時間曾是咒罵詞，因為它們打破了不可妄稱上主之名的戒令。**地獄**和**該死**也維持了很久，這一點本身就顯示基督教會的影響力有多大、又延續了多久。封建制度崩塌，政教合一的統治不再之後，接下來是一個無信仰的新時代，「上帝」和「地獄」和許多宗教相關字詞逐漸過氣，因此也失去禁忌的力量。我們這些生活在批判性的俗世多元後現代社會的人會說：這樣才好！這年頭，這批字詞裡最具冒犯性的八成是**該死**，但它本身也不至於會太讓教士吹鬍子瞪眼[10]。

然而——我相信大家都因此鬆了口氣——人們不需要在傾圮的教堂廢墟中翻找太久，因為性和生理功能及其產物一下子跳到隊伍最前面，很快就變成禁忌上選——或可稱為**今日特選**禁忌，只不過這個今日持續了好幾世紀。一眨眼的功夫，維多利亞女王即位了，維多利亞時代來臨。這個充滿假道學、偽君子、拘謹刻板的年代為禁忌火上加油，產生大量委婉語，讓人可以繞過地雷，但仍然傳達出想講的意思。

前文談過，只要禁忌仍有效力，就不會過氣。1887年，吉伯特（Gilbert）與蘇利文（Sullivan）不得不把歌劇作品

---

[10] http://expage.com/4letterwords1.

的名稱從Ruddygore改成Ruddigore，因為就連**天殺的**（bloody）的委婉語都足以造成群情激憤[11]。近三十年後，蕭伯納（Bernard Shaw）筆下的伊萊莎（Eliza）拋出一句「天殺的不太可能」，公眾再度為之譁然。然後世界大戰爆發了，我們也討論過，戰爭非常有利於散播咒罵詞。及至1941年，一份英國報紙登出原封不動的**天殺的**一詞（而非通常的「b----y」），也許是因為它出現在詩句裡：「我真厭惡那天殺的匈奴。」[12]無論如何，到二十世紀後半葉開始之際，情勢已經相當清楚：大眾對咒罵的歇斯底里反應，無法比兩次非常真實的世界大戰的真實經驗持續得更久。

接下來幾十年，性逐漸滑下禁忌的高台，不是因為**幹**之類的字詞曝光過度，而是因為關於童貞、性、罪惡的老舊觀念已經日薄西山。新千禧年開始之際，大家一般都同意今日的**幹**已經遠不如二十年前。因此我們再度開始尋找新禁忌。而這一點也再度不成問題。

「新」禁忌是針對個人做出「某某歧視」的惡意攻訐──尤其是關於種族、族裔、宗教、性與性取向，和殘疾歧視。這番轉變的一個絕佳例子，是希拉蕊・柯林頓（Hillary Clinton）據稱（可能是謠傳）曾罵某人為「猶太王八蛋」。

---

[11] Crystal, 2003:173.（譯按：參見〈私酒與星號〉一章，ruddy是bloody的委婉語之一。）

[12] Crystal, 2003:173.

換做五十年前，激起憤慨的會是王八蛋一詞的性暗示；如今的重點則在「猶太」。事實上，許多非猶太人都不太敢用「猶太」（Jew）一詞，怕造成冒犯，比較喜歡用「猶太人」（Jewish），想來是因為後綴的「-ish」使「猶太」據稱聽來沒那麼刺耳。至於猶太人本身，有些覺得「猶太」沒問題，有些比較喜歡「-ish」，有些認為「-ish」事實上指的是較不虔誠信教、偏向俗世文化的，有些則喜歡「-ish」的沖淡效果。

重點在於人們對這個詞有所擔憂，而這份擔憂顯示了一股焦慮伏流，焦慮於我們使用的詞會對他人造成何種衝擊，包括他人對我們的觀感。希拉蕊・柯林頓這件事絕非特例，南非運動界也發生過類似事件[13]。躍羚隊2教練據稱曾多次以南非荷蘭語罵人為「fokken kaffirs」。要知道，「kaffir」在南非被稱為「k開頭的字」，而在這句話的**幹他媽的**3和「kaffir」兩個詞中，造成冒犯的毫無疑問是「k開頭的字」。

澳洲（但不只澳洲）有不少事件，都涉及咒罵被視為違規的行為。媒體愈來愈注意這些事件，不是因為那些咒罵詞，而是因為其所招致的法律反應不一。使用冒犯語言的控

---

[13] Hughes, 1998:277.

2 南非橄欖球國家代表隊的暱稱。

3 顯然南非荷蘭語的fokken等於英文的fucking；kaffir則是對黑人的辱稱。換言之，這個詞約等於英文的「fucking nigger」。

訴是駁回還是成立，全靠司法官[4]的自由心證——或一時興起。2002年9月，一名男子被控使用冒犯語言，叫警察「幹他媽滾開」；雪梨一名司法官駁回此案，理由是被告當時的語氣並不具冒犯性。這篇新聞[14]的標題是：「把『f』放回友善之中。」[5]之後，另一名年輕男子也被控告，因為警察問他在做什麼，他說他「只是幹他媽的要回家」，而同一位司法官卻接受此案罪名成立。這一則新聞的標題則是：「也許差別全在於『的』」[15]。

然而，大眾媒體寄予最多羶色腥吸引力的領域，是咒罵與運動的交叉處，不時有咒罵事件闖入公眾場域。一個例子是2003年1月，澳洲與斯里蘭卡舉行一連串一日板球賽，澳洲板球選手達倫‧黎曼（Darren Lehmann）被人聽到說了一句惡名昭彰的「黑屄」。讓黎曼難看的並不是這句話的性意味，而是種族攻訐。如今毫無疑問，「種族和族裔的咒罵詞已經變成今日的真正猥褻字眼」[16]，此一觀點將「黑屄」與「猶太王八蛋」和「fokken kaffirs」放在同一類別。而根據O‧J‧辛普森案的助理地方檢察官克里斯多夫‧達登（Christopher Darden）的說法，「黑鬼」（nigger）「是英語

---

4 magistrate，指澳洲各省及聯邦初級法院的法官。

[14]《雪梨晨報》，2002年9月6日，無署名。

5 友善（friendly）一詞亦為f開頭。

[15]《雪梨晨報》，2002年11月14日，無署名。

[16] Burridge, 2001:2.

中最髒、最污穢、最惡劣的詞，絕不該出現在法庭上。」[17]
杜林以下這段話說得很有道理：「有好幾個世紀的時間，
『幹』曾是英語中最惹人非議的字，但現在此一頭銜八成是
『黑鬼』和『屄』不相上下，而『幹』則已經下台。仇恨終
於比性更危險了。」[18]

　　當然，這一切都沒什麼新鮮的。我們別不切實際地忘
記，羅馬人如何在押解耶穌前往十字架的路上凌虐他，或者
西班牙宗教審判官如何在 1462 年將猶太人驅出國境，或者前
南斯拉夫如何燒殺擄掠進行種族清洗。相對而言比較新鮮的
（至少在西方英語世界），是把攻訐個人的語言視為禁忌。
《麥克瑞辭典》的蘇・巴特勒說過（在第七頻道中斷她的訪
談之前）：「今日的禁忌全在於你給別人貼什麼標籤。因此
『**你是個……**』這種句子基本上已經不可以用了，就算（你
說的只是）『**你是個笨頭**』，因為這樣就是把它跟其他顯然失
禮的詞放在同樣的脈絡」。

　　修斯認為，禁忌之所以轉向歧視性的語言（種族歧視、
性別歧視、殘疾歧視等等），是民族主義、重商主義擴展、
帝國較勁和軍事征服的產物，上述因素使不同民族之間的接
觸多半充滿征戰與敵意。順著此一關連，他進一步指出，現
代最強烈的咒罵，跟例如維多利亞時代相比，是關乎團體身

---

[17] Dooling, 1996:18.

[18] Dooling, 1996:18.

分認同而非個人道德。不以涉及個人選擇的行動（例如性活動）、而改用並非個人能控制的因素（例如膚色）來罵人，是更為殘忍的做法。

羅伯・德賽談及委婉語時曾說，任何涉及種族的討論「都會讓我們忙著找掩護，連維多利亞時代的人看了都會吃驚。」[19] 這是個棘手話題。非猶太人用起「猶太」一詞小心翼翼，怕造成冒犯。「族裔」（ethnic）被大用特用，用來正當化盎格魯—薩克遜—克爾特之外的其他文化。為了找一個詞指稱原住民，殖民者及其後裔大感狼狽。一條基本通則是，採用那些被指稱的人自己偏好使用的詞，例如「澳洲本土住民」（indigenous Australians）。加拿大用「原初國族」（First Nation），美國用「美國原住民」（Native American）。「native」一字做為名詞，不管有沒有大寫，都絕對不可用以指稱原住民或其後代6。打破這些規則——不管有意還是無心——是今日最大的禁忌。

在提高大眾對辱罵攻訐本質的認識上，一九八〇年代極為活躍的所謂政治正確（PC）運動起了重要作用。所謂的PC人倡議公眾語言使用更中性的詞句[20]，例如以「humanity」

---

[19] Dessaix於Radio National的 *Lingua Franca*，2004年7月，"On the Euphemism"，http://www.abc.net.au/rn/arts/ling/stories/s1154069.htm 。

　6 該字用做名詞時約略等同於中文的「土著」之意。

[20] Cameron (1995b).

而非「mankind」代表全人類[7]。此處依照黛博拉・卡麥容（Deborah Cameron）的用法說「所謂」PC人，是因為這些推動中性語言的人自己並不用「PC」一詞形容他們的意識型態或行動。這個詞是美國保守右派用來**描述**他們的（而且不幸就此擺脫不去），且已遭到負面意涵污染，反而常被用來攻擊（「你實在太PC了」），或者撇清（「我並不PC，但……」），或者反諷或玩笑。

重點在於「PC」這個標籤大為成功，使其所指稱的運動名譽掃地。後來又出現若干同義詞，如同樣敵意的「思想警察」和「婦解納粹」。杜林對這一切的看法是：「政治正確的中心弔詭在於，它要求所有事物都多元化，但就是不包括思想多元。」[21]

PC此詞的一大反諷在於，它在詞彙的自由市場大獲成功，反而使PC人的批評者（右派和左派都有）提出的論點顯得自打嘴巴。右派指控所謂的PC人濫用語言，但他們使用PC一詞表示輕視，也等於做了同樣的事。左派指控所謂的PC人在雞毛蒜皮的語言議題上浪費時間，忽略了真正需要關注的議題，但他們始終沒注意到，語言議題 —— 如「PC」的大獲成功所顯示的 —— 對公眾意識有很大的影響，絕非雞毛蒜皮[22]。

---

7 因為mankind來自man（男人）一字。

[21] Dooling, 1996:167.

[22] Cameron (1995a).

譏嘲的口吻始終存在，就像羅伯・修斯（Robert Hughes）問道，改稱「肢體殘障」是否可以「治好跛子的殘障，或者改善他們的心情」[23]。杜林的批判更為嚴厲[24]，他寫道，人們自以為可以：

> 用小小的字詞手術治癒古老的仇恨，切除冒犯字詞和潛伏其後的仇恨思想。也許我們應該去掉波士尼亞所有辭典裡的宗教謾罵和種族罵詞，看看內戰會不會因此結束。

　　此外同樣不利的是，PC很快就跟自負古板、自以為是的道德態度扯上關係，而不是自由主義的運動，喚醒人們注意習慣成自然、體制化的大量偏見和歧視。反PC者以幽默方式發動譏嘲攻勢，成效斐然，其做法包括把所謂PC的原則推到合邏輯但荒謬的極端——比方建議保羅・紐曼（Paul Newman）把他的姓氏從Newman改成Newperson[8]。

　　此外也不幸發生了一些充滿喜劇性的事件，使所謂的PC變成可笑的嘲弄標靶。如一九九〇年代初期，加州一家已將所謂PC語言政策電腦自動化的報社，不小心登出了

---

[23] R. Hughes (1993).

[24] Dooling, 1996:18.

　8 這是嘲笑所謂PC人推動把一些字義偏向男性的詞如chairman（主席）改為不分性別的chairperson。

「使麻州重回非裔美國人的計畫」這個句子。之後刊登的更正啟事告訴讀者，原先的句子應是「重回黑字」[9]。這事件充滿反諷意味，尤其關於「黑」字的這種特殊用法。英語中的「黑」字充滿負面聯想（例如black-and-blue［烏青、鼻青臉腫、遍體鱗傷］、blackmail［勒索］、black-box［黑箱作業］、Black Death［黑死病］、black money［黑錢］、black hole［黑洞］）[25]，但反諷的是，「黑字」卻比「赤字」好。

所謂的PC運動生產了另一套詞彙，用來取代原先被視為政治不正確的字詞。其重點在於避免本身就具有評判意味，或累積了社會污名的詞，偏好以「人造的多音節抽象字詞加以取代」[26]。「藥癮」變成「物質依賴」；「瞎」變成「視障」；「聾」變成「聽障」；「性工作者」取代了「妓女」。這股趨勢中唯一的例外，是「死掉的白種歐洲男性」（Dead White European Males）一詞廣為使用，其情緒化的偏見語言明目張膽地打破了PC的規則，唱反調地顯示出其中的雙重標準。

儘管招致批評，但所謂PC運動仍造成了深遠影響。也許沒有影響人們的想法，但確實影響了人們在公共場合的發

---

9 「重回非裔美國人」的原文是back in the African-American，「重回黑字」則是back in the black，指擺脫赤字恢復收支平衡。但該報社的電腦程式顯然把black（可做「黑人」解）一字全改成了African-American。

[25] Cameron (1995b)；Wajnryb (2002).

[26] Hughes, 1998:276.

言，而且這份影響力如今依然持續，儘管飽受鄙夷。日前媒體報導，國際間打算禁止聽障者的手語使用某些手勢，確切說來是代表猶太、亞洲人、男同志和殘障人士的手勢，例如比劃出鷹勾鼻（猶太）、無力的手腕（男同志）、斜眼（中國人）、指向額頭的一個點（印度人）等等。相關人士提議的替代方案，是較不具冒犯性的手勢（例如比個三角形代表印度次大陸）。相當反諷的是，這番主流辯論激起許多聾人團體不滿，其發言人否認現存的手勢「蓄意冒犯」。他們解釋，手語基本上以視覺為主，要避免冒犯很容易，只消拼出該字即可；最後，他們堅稱聽人世界沒有權力把自己的觀點強加在聾人身上。我則納悶「聾」的手勢怎麼比。

就算不太深入淌進包圍著所謂PC運動的情緒化渾水，有一點頗為確定的是，PC運動及其相關的知名度和爭議，確實提高了大眾的意識，使人們注意到充滿負面意涵的冒犯字詞。這些字詞中的貶意，以前只有女性和少數族群才體認得到，他們由自身真實的經驗得知，用來描述他們的語言仍持續對他們的艱苦處境造成相當影響。這種意識的增長，導致罵某人為某個（隨便什麼東西）的禁忌出現。

於是，惡意攻訐的語言已經上台，取代了與性相關的猥褻字眼的位置，但當然，一如我們討論過的南非例子（fokken kaffirs）和澳洲板球例子（黑屄）所顯示的，沒有法律禁止你來個一石兩鳥。至少目前還沒有。

參考書目

Abd el-Jawad, H. (2000), 'A linguistic and sociopragmatic and cultural study of swearing in Arabic', *Language Culture and Curriculum*, vol. 13, no.2, 217-40

Allan, K. and Burridge, K. (1991), *Euphemism and Dysphemism: Language Used as Shield and Weapon*, Oxford University Press: New York

—— (1992), '"Raising gooseflesh". "Dirty" words and language change', *La Trobe University Working Papers in Linguistics 5*, 31-43

Andersson, L.-G. and Trudgill, P. (1990), *Bad Language*, Penguin Books: London

Aoki, H. and Okamoto, S. (1988), *Rules for Conversational Rituals in Japanese*, Taishukan Publishing Company: Tokyo

Arango, A.C. (1989), *Dirty Words: Psychoanalytic Insights*, Jason Aronson: New Jersey

Ardo, Z. (2001) 'Emotions, taboos and profane language', *Translation Journal*, vol. 5, no. 2, April 2001, http://accurapid.com/journal/16 review.htm

Ashby, J. (2003), 'Does "*baka* explosion" indicate identity crisis being in Japan?', *The Japan Times*, 9 October 2003

Ayto, John (1999), *Twentieth Century Words*, Oxford University Press: Oxford

Bernstein, B. (1970), 'A socio-linguistic approach to socialisation', in J. Gumperz and D. Hymes (eds), *Directions in Socio-Linguistics*, Holt,

Rinehart & Winston: New York

Bragg, M. (2003), *The Adventure of English 500 AD to 2000: The Biography of a Language*, Hodder & Stoughton: London

Brown, P (1990), 'How and why women are more polite: Some evidence from a Mayan community', in J. Coates (ed), *Language and Gender: A Reader*, Oxford: Blackwell, pp. 81-99

Brown, P and Levinson, S. (1978), 'Universals in language usage: Politeness phenomena', in E. Goody (ed.), *Questions and Politeness: Strategies in Social Interaction*, Cambridge University Press: Cambridge

Bryson, B. (1990), *Mother Tongue*, Penguin: London

Burridge, K. (2001), 'Ma's out, Pa's out. Let's talk rude: Pee-poo-bellybum-drawers', *Ozwords*, vol. 7, no. 2, http://www.anu.edu.au/ANDC/ozwords

—— (2002), *Blooming English: Observations on the Roots, Cultivation and Hybrids of the English Language*, ABC Books: Sydney

Cagle, J. (2002), 'About Tom', *TIME* Magazine, 1 July

Cameron, D. (1995a), 'Words, words, words: The power of language', in S. Dunant (ed.), *The War of the Words: The Political Correctness Debate*, Virago: London, pp. 15-34

—— (1995b), *Verbal Hygiene*, Routledge: New York

Chaikin, E. (1982), *Language: The Social Mirror*, Rowley, MA: Newbury House

Claire, E. (1983), *A Foreign Student's Guide to Dangerous English*, Eardley Publications: New Jersey

Coates, J. (1990), *Women, Men and Language: A Sociolinguistic Account of Sex Differences in Language*, London: Longman

Coates, J. (ed.) (1998 [1990]), *Language and Gender. A Reader*, Black-well: Oxford

Collins Australia Dictionary (2003) (5th edn), HarperCollins: Glasgow/Sydney

Conway, A. (1994), 'You're ugly, your dick is small and everybody fucks your mother. The stand-up comedian's response to the heckler', *Maledicta: The International Journal of Verbal Aggression*, vol. 11

Cornay, M. (1986), 'Naming sexual body parts: Preliminary patterns and implications', *The Journal of Sex Research* 22(3) 393-8

Crawley, T. (ed.) (1991), *The Wordsworth Dictionary of Film Quotations*, Wordsworth Editions: Hertfordshire

Crystal, D. (1987, 2nd edn 2003), *The Cambridge Encyclopedia of Language*, Cambridge University Press: Cambridge

Defoe, D. (1966), 'Of academics', in W.F. Bolton (ed.), *The English Language: Essays by English and American Men of Letters 1490-1939*, Cambridge: Cambridge University Press, pp. 91-101

de Klerk, V. (1992), 'How taboo are taboo words for girls?', *Language in Society* 21, 277-89

Delaney, S. (1974), 'Womanliners in The Man of Law's Tale', *Chaucer Review* 9, 1:68

Dooling, R. (1996), *Blue Streak: Swearing, Free Speech and Sexual Harassment*, Random House: New York

Douglas, M. (1966), *Purity and Danger: An Analysis of the Concepts of Pollution and Taboo*, Routledge & Kegan Paul: London

—— (1973), *Natural Symbols: Explorations in Cosmology*, Barry and Jenkins Ltd: London

Dunant, S. (ed.) (1995), *The War of the Words: The Political Correctness Debate*, Virago: London

Eble, C. (1996), *Slang and Sociability: In-group Language among College Students*, The University of North Carolina Press: Chapel Hill

Eckert, P. and McConnell-Ginet, S. (2003), *Language and Gender*, Cambridge University Press: Cambridge

Encyclopaedia Judaica (1972), *Volume 6*, Keter Publishing House: Jerusalem

Erofeyev, V. (2003), 'Letter from Moscow. Dirty words *The New Yorker,* 15 September, 42-8

Foote, R. and Woodward, J. (1973), 'A preliminary investigation of obscene language', *The Journal of Psychology* 83, 263-75

Gaines, Irvin J. (1948), 'Talking under water: Speech in submarines', *American Speech* 23, 1, 36-8

Gilliland, C. Herbert (1980), 'United States naval slang: "*shitcan*"', *American Speech* 55, 2, 153-4

Goddard, C. (1989) 'Issues in natural semantic metalanguage', *Quaderni Di Semantica* 10, 1:5-64

—— (1991), 'Anger in the Western Desert: A case study in the cross-cultural semantics of emotion', *Man* (n.s.) 26, 2:265-79

Goffman, E. (1981), *Forms of Talk*, Basil Blackwell: Oxford

Gray, P. (1993), 'Oaths and Laughter and Indecent Speech', *Language & Communication*, vol. 13, no.4,311-25

Greer, G. (1971), *The Female Eunuch*, London: Paladin

—— (1999), *The Whole Woman*, London: Doubleday

Gritten, D. (2002), *Fame: Stripping Celebrity Bare*, Allen Lane: London

Hadida, 5. (1959), *Manners for Millions: A Complete Guide to Courteous Behavior*, Barnes and Noble: New York

Herman, E.S. and Chomsky, N. (1995), *Manufacturing Consent: The Political Economy of the Mass Media*, Vintage: London

Hill, D. (1992), 'Imprecatory interjectional expressions: Examples from Australian English', *Journal of Pragmatics* 18, 209-23

Holmes, J., Stubbe, M., Vine, B. and Mara, M. (1996), 'Language in the workplace', Research project, Victoria University, Wellington, New Zealand

Hughes, G. (1988), *Words in Time:A Social History of the English Vocabulary*, Basil Blackwell: Oxford

—— (1998), *Swearing: A Social History of Foul Language, Oaths and Profanity in English*, Penguin: London

Hughes, R. (1993), *Culture of Complaint. The Fraying of America*, Oxford University Press: New York

Hughes-Warrington, M. (2001), *Fifty Key Thinkers on History*, Rout-ledge: London

Humphries, R. (1995), 'American-English taboo words and Japanese learners', *Journal of Humanities*, vol. 18, 25-43, Association for the Study of Humanities: Kobe

Inglis Moore, T. (ed.) (1961), *A Book of Australia*, Collins: London

Jay, T. (1992), *Cursing In America: A Psycholinguistic Study of Dirty Language In The Courts, In The Movies, In The Schoolyards And On The Streets*, John Benjamins: Philadelphia

—— (1999), *Why We Curse: A Neuro-Psycho-Social Theory of Speech*, John Benjamins Publishing Co.: Philadelphia/Amsterdam

Kidman, A. (1993), 'How to do things with four-letter words: A study of the semantics of swearing in Australia', unpublished BA Honours thesis, Linguistics, University of New England. Online at http://www.gusworld.com.au/nrc/thesis/intro.htm

Lakoff, R. (1975), *Language and Woman's Place*, Harper & Row: New York

—— (2001), *The Language War*, University of California Press: Berkeley, CA

Lawrence, D.H. (1928, 1960), *Lady Chatterley's Lover*, Penguin: Harmondsworth

Macquarie Dictionary of Australia Colloquialisms (1984), The Macquarie Library Pty Ltd: Sydney

Macquarie Learners' Dictionary (1999), The Macquarie Library Pty Ltd: Sydney

Manne, R. (ed.) (2003), *Whitewash: On Keith Windshuttle's Fabrication of Aboriginal History*, Black Inc. Agenda: Melbourne

McArthur, T. (1992), *The Oxford Companion to the English Language*, Oxford University Press: Oxford

—— (2002), *The Oxford Guide to World English*, Oxford University Press: Oxford

McConville, B. and Shearlaw, J. (1984), *The Slanguage of Sex. A Dictionary of Modern Sexual Terms*, Macdonald: London

McDonald, J. (1988), *A Dictionary of Obscenity, Taboo and Euphemism*, Sphere Books: London

Mercury, R. (1995), 'Swearing: A "bad" part of language', a good part of language learning; *TESL Canada Journal*, vol. 13, no. 1, Winter, 28-36

Montagu, A. (2001), *The Anatomy of Swearing*, University of Pennsylvania Press: Philadelphia

Newey, G. (1999), 'Effing the ineffabLe', *The London Review of Books*, vol. 21, no. 23, 25/11/99, http://www.lrb.co.uk/v2l/n23/newe0l_.html

Nias, J. (1987), *Seeing Anew: Teachers' Theories of Action*, Deakin University Press: Victoria

Partridge, E. (1984), *A Dictionary of Slang and Unconventional English*, 8th edn, edited by Paul Beale, Routledge & Kegan Paul: London

Pearsall, R. (1969), *The Worm on the Bud: The World of Victorian Sexuality*, Weidenfeld & Nicolson: London

Phillips, M. (2002), 'Swearing: The sickness in society', *The Daily Mail*, 27 February

Pinker, S. (1994), *The Language Instinct: The New Science of Language and Mind*, Penguin: London

Planalp, S. (1999), *Communicating Emotion. Social, Moral and Cultural Processes*, Cambridge University Press: Cambridge

Reynolds, H. (2003), '*Terra nullius* reborn', in R. Manne (ed.), *Whitewash: On Keith Windshuttle's Fabrication of Aboriginal History*, Black Inc.: Melbourne

Rieber, R., Wiedemann, C. and D'Amato, J. (1979), 'Obscenity: Its frequency and context of usage as compared in males, nonfeminist females and feminist females', *Journal of Psycholinguistic Research*, vol. 8, no. 3, 201-23

Risch, B. (1987), 'Women's derogatory terms for men: That's right, "dirty" words', *Language in Society* 16, 353-8

Seligman, M. (1990), *Learned Optimism*, Random House Australia: Sydney

Seward, J. (1968), *Japanese In Action*, Tokyo: John Weatherhill

—— (1992), *The Japanese*, Passport Books: Chicago

Sheidlower, J. (1999), *The F-Word*, Random House: New York

Summers, A. (1977), *Damned Whores and God's Police: The Colonisation of Women in Australia*, Penguin Books: Harmondsworth

Takeshi, Y. (2003), *Baka no Kabe* (trans. as *The Wall of a Fool*), Shincho Shinsho: Tokyo

Taylor, B.A. (1975), 'Towards a structural and lexical analysis of "swearing" and the language of abuse in Australian English', *Linguistics* 16, 4, 17-43

Thomson, D. (1935), 'The joking relationship and organised obscenity in Northern Queensland', *American Anthropologist* 37

Thorne, T. (1991), *The Bloomsbury Dictionary of Contemporary Slang*, Bloomsbury Publishing: London

Trudgill, P. (1975), *Accent, Dialect and the School*, Edward Arnold: London

Tyler, M. (1977), 'Why ladies don't swear', paper presented at the 16th meeting of the Southeast Conference on Linguistics, North Carolina

Wajnryb, R. (2002), 'Strong language: The language of racism *(R)U?* Magazine, no. 3, 48-51

Wierzbicka, A. (1999), *Emotions across Languages and Cultures: Diversity and Universals*, Cambridge University Press: Cambridge

Windshuttle, K. (2002), *The Fabrication of Australian History: Volume One: Van Dieman's Land 1803-1947*, Macleay Press: Sydney

麥田人文 106
髒話文化史
Language Most Foul

作　　　者　露絲·韋津利（Ruth Wajnryb）
譯　　　者　嚴韻
主　　　編　王德威
責 任 編 輯　趙曼如　林俶萍
封 面 設 計　朱陳毅

副 總 編 輯　林秀梅
編 輯 總 監　劉麗真
總 經 理　陳逸瑛
發 行 人　涂玉雲
出　　　版　麥田出版
　　　　　　城邦文化事業股份有限公司
　　　　　　台北市民生東路二段141號5樓
　　　　　　電話：02-2500-7696　傳真：02-2500-1966
發　　　行　英屬蓋曼群島商家庭傳媒股份有限公司城邦分公司
　　　　　　台北市民生東路二段141號2樓
　　　　　　客服服務專線：02-2500-7718　02-2500-7719
　　　　　　服務時間：週一至週五上午09:30~12:00；下午13:30~17:00
　　　　　　24小時傳真專線：02-2500-1990　02-2500-1991
　　　　　　讀者服務信箱：service@readingclub.com.tw
　　　　　　劃撥帳號：19863813　戶名：書虫股份有限公司
麥田部落格　http://blog.pixnet.net/ryefield
香港發行所　城邦（香港）出版集團有限公司
　　　　　　香港灣仔駱克道193號東超商業中心1樓
　　　　　　電話：（852）2508-6231　傳真：（852）2578-9337
　　　　　　電郵：hkcite@biznetvigator.com
馬新發行所　城邦（馬新）出版集團Cité（M）Sdn. Bhd.（458372U）
　　　　　　11, Jalan 30D/146, Desa Tasik, Sungai Besi, 57000 Kuala Lumpur, Malaysia
　　　　　　電話：（603）90563833　傳真：（603）90562833
印　　　刷　中原造像股份有限公司
初版一刷　2006年3月
二版一刷　2012年4月

ISBN：978-986-173-747-8
定價：360元

城邦讀書花園
www.cite.com.tw

國家圖書館出版品預行編目資料

髒話文化史／露絲·韋津利（Ruth Wajnryb）
　著；嚴韻譯. -- 二版. -- 臺北市：麥田
　出版：家庭傳媒城邦分公司發行, 2012.03
　　面；　公分. --（麥田人文；106）
　譯自：Language most foul
　ISBN　978-986-173-747-8（平裝）

　1. 俗語　2. 文化史

539.6　　　　　　　　　　　　101002775